KB184254

인생의오후에는철학이필요하다

60 SAI KARA NO TETSUGAKU ITSUMADEMO TANOSHIKU IKIRU TAME
NO KYOUYOU
© HITOSHI OGAWA 2024
Originally published in Japan in 2024 by Saizusha Corporation, TOKYO.
Korean characters translation rights arranged with Saizusha Corporation,
TOKYO, through TOHAN CORPORATION, TOKYO and EntersKorea Co.,
Ltd., SEOUL.

인생의 오후에는 철학이 필요하다

키케로부터 노자까지, 25명의 철학자들이 들려주는
삶, 나이 듦, 죽음에 관한 이야기

오가와 히토시 지음
조윤주 옮김

오아시스
Oasis

일러두기

1. 본문에 등장하는 자료 중 단행본은 겹화살괄호(《 》), 영화는 홑화살괄호(〈 〉)로 표기했습니다. 국내 미출간된 자료는 원어를 병기하였습니다.

2. 외국 인명은 국립국어원 어문 규정의 외래어 표기법을 따랐으나, 관용적으로 굳어진 용어는 예외를 두었습니다.

3. 본문의 주석은 모두 옮긴이주입니다.

4. 같은 용어에 대한 주석은 일반적으로 한 차례만 달지만, '순서에 따르지 않고 읽어도 무방하다'라는 저자의 의견에 따라 여러 차례 달았습니다.

시작하며

─────◆─────

철학은 삶과 노년과 죽음을
어떻게 바라보게 하는가

나는 지금까지 철학자로서 사회에서 일어나는 여러 문제
를 비평하는 일을 해왔다. 그런데 최근 몇 년 사이, 노년을
주제로 한 강연이나 원고 의뢰가 빠르게 늘어나고 있음을
부쩍 느낀다. 굳이 나 같은 괴짜 철학자에게 노년에 관해
이야기해 달라는 요청이 늘어난다는 것은 그저 문제시만
했던 나이 듦의 현상을 이제는 다른 시각으로 바라보아야
한다는 의식이 그만큼 높아진 것이 아닐까 싶다.

실제로 동서고금의 철학자들은 인간이 풀지 못한 나이
듦이라는 커다란 문제를 둘러싸고 고찰을 거듭해 왔다. 그
날카로운 혜안은 모두 오늘날 고령화 사회에 도움이 될 것

이다. 가만히 생각해 보면 인류가 탄생한 이래 나이 듦은 계속된 고민거리였다. 젊은 시절에는 문제없이 해낸 일을 나이가 들고서 하지 못하게 되었다는 사실이 누군들 고민이 되지 않을까. 그럼에도 어떻게든 그러한 고민을 극복하며 인류는 지금껏 즐겁게 살아왔다.

나이 듦의 연장선에는 죽음이라고 하는 가장 크고 본질적인 주제가 기다리고 있다. "죽을 가능성에 나이는 상관없다"라는 고대 로마의 철학자 키케로의 말처럼, 죽음은 나이와 상관없이 인간을 고민하게 만드는 커다란 문제이다. 이 책의 마지막 장에서 다룰 현대 프랑스의 철학자 장 켈레비치의 말처럼 죽음이란 '인간에게 주어진 거대한 수수께끼'이다.

철학은 바로 이러한 점에서 우리에게 필요하다. 문제의 본질을 생각해 보는 일, 그간 당연하게 생각했던 우리의 관점을 바꿔 보는 일은 곧 철학이 요구하는 발상이다.

그렇다면 철학은 삶과 노년과 죽음을 어떻게 설명하고 있는가? 이 책에서는 인간이 결코 피할 수 없는 노년의 삶과 죽음의 문제를 철학자들의 생각을 바탕으로 조금은 다르게 바라보고자 했다. 구체적으로는 질병, 인간관계, 인생, 죽음이라는 다섯 개의 주제로 나누고, 한 해 두 해 늙어가는 우리의 삶을 긍정적으로 받아들일 수 있는 조언을 곳곳에 남겨 두었다.

물론 같은 주제를 이야기하더라도 철학자마다 견해가 모두 다를 수 있다. 생사관生死觀, 다시 말해 삶과 죽음에 대한 관념은 특히 그렇다. 따라서 이 책을 읽는 독자들은 어떤 철학자의 생각이 자신의 생각과 비슷하거나 비슷하지 않은지 스스로 견주어 보며 읽기를 권한다. 순서에 따르지 않고 읽어도 무방하다. 이 책을 통해 노년을 생각하고, 그것이 자신에게 어떤 의미가 될지 살펴볼 수 있는 좋은 계기가 되기를 진심으로 바란다.

차례

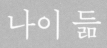

1장

나이 듦

세상의 관념에
당신의 노년을 맡기지 마라

키케로의 노년론

인간의 변화는

어떠한 문제도 되지 않는다

한가하고 무료하다, 몸이 마음대로 움직이지 않는다, 병치레가 잦다, 죽는 날을 기다리는 시간이다…. '노년'이라는 단어를 떠올리면 대부분 이렇게 부정적인 이야기를 들려준다. 나이를 먹는 건 정말 나쁜 일일까?

고대 로마의 현인 마르쿠스 툴리우스 키케로BC 106~BC 43는 일찍이 이러한 질문에 대한 답을 찾아 나섰다. 그는 깊이 생각하고 연구하며 '나이 드는 건 나쁘다'라는 편견을 해소하고자 했다.

일상에서 노화를 체감하는 일은 나이 들수록 늘어나기 마련이다. 그렇게 나이 듦을 피부로 느끼는 순간 표현하기 힘든 슬픔과 서글픔이 찾아온다. 그러나 이는 알고 보면 노년에 대한 우리의 부정적인 인식과 세상의 관념, 즉 편견에서 시작한다.

물론 모두가 그런 것은 아니다. 노년을 활기차게 보내는 이들도 분명히 있다. 일과 취미 활동에 의욕적이며 건강에 관심이 있고 자기 주도성이 높으며 새로운 가치관 또한 적극적으로 받아들이는 고령자를 '액티브 시니어active senior' 라고 부르기도 한다.

이러한 액티브 시니어는 2000년도 더 전인 고대에도 존재했다. 키케로는 말년에 발표한 저서《노년론》에서 노년에 대한 편견을 타파하기 위해 독자적인 의견을 펼쳤다. 이 책은 한 노인이 두 젊은이에게 노년의 가치에 관해 이야기하는 수필 형태의 철학서이다.

키케로는 노년을 다음과 같이 표현했다.

행복하고 바람직한 삶을 보낼 방법을 모르는 이에게 인생은 어느 순간이나 힘겹기 마련이나, 자기 안에서 스스로 좋은 것을 놓치지 않고 찾아낼 줄 아는 이는 자연의 섭리 중 그 무엇도 재앙으로 여기지 않는다. 그 대표적인 예가 바로 노년이다.

－《노년론》

즉 인생에서 자연적으로 일어나는 일들은 좋은 쪽으로 초점을 맞추기만 하면 어느 것이나 나쁜 일이 아니며, 노년이 바로 그 전형이라는 뜻이다. 물론 그렇다고 해서 노쇠해지는 것이 좋다는 말은 아니다. 키케로 말의 속뜻은 '**자연적으로 인간은 변화할 뿐이며 이는 어떠한 문제도 아니다**'라는 것이다. 오히려 자연의 법칙에 맞춰 변화하는 것의 중요성을 이야기한 것으로도 볼 수 있다.

노년의 편견을 깨부순

키케로의 반박

《노년론》에서 키케로는 노년에 관한 네 가지 편견을 소개
하고 하나씩 논박해 나갔다. 간단히 설명하면 아래의 네
가지로 정리할 수 있다.

① 노년에는 일을 할 수 없다.
② 노년에는 몸이 쇠약해진다.
③ 노년에는 쾌락에서 멀어진다.
④ 노년에는 죽음이 가까워진다.

언뜻 보면 모두 고개를 끄덕일 수 있는 말들이지만, 이
것이 바로 노년에 대한 전형적인 편견이다. 그렇다면 키케
로는 이를 어떻게 반박했을까?

우선 첫 번째, '노년에는 일을 할 수 없다'라는 점에 관
해서는 '무모함은 청년의 몫이고, 현명함은 노년의 몫'이라
고 표현하며 지혜와 권위, 분별력을 갖춘 노인이야말로 사

회에서 활약할 수 있다고 이야기했다. 분명 젊은 사람은 나이 든 사람보다 물리적 시간에 따른 경험치가 절대적으로 적을 수밖에 없다. 그리고 그 시간만큼 쌓인 지혜와 분별력은 뛰어난 감각이나 추진력과는 또 다른 능력이다. 그래서 때로는 나이 든 사람의 능력이 요구되는 일도 있다. 가령 일본 내에서는 내각 각료를 연령별로 균형 있게 구성해야 한다는 말이 나오기도 했다. 이것을 보면 나이 든 사람에게는 나이 든 사람만의 능력이 있음을 알 수 있다. 물론 나이 든 사람이 가진 능력을 잘 활용하려면 본인은 물론 주위 사람도 이 점을 잘 이해하고 적재적소에 응용할 수 있어야 할 것이다.

두 번째, 키케로는 체력에 맞는 신체 활동을 하면 아무런 문제가 없다고 이야기하며 '노년에는 몸이 쇠약해진다'라는 편견에 반박했다. 노인의 연설법에 관한 설명을 보면 키케로의 말뜻을 쉽게 이해할 수 있다. 나이 든 사람이 소리를 높여 열정적으로 연설하기는 어렵다. 그러한 연설에는 체력이 요구되기 때문이다. 그러나 나이 든 사람이 편안한 음성으로 부드럽게 말하면 어떨까? 듣는 이는 자연히 귀를 기울이게 된다. 어쩌면 각자 가진 에너지에 맞게 연설하는 것이 최대의 효과를 발휘하는 방법이라고 할 수도 있다. 아이에게는 아이의 목소리가 있고 어른에게는 어른의 목소리가 있듯, 이는 모든 신체적 특징에도 적용할 수 있는 이야기이다.

세 번째, '노년에는 쾌락에서 멀어진다'라는 점에 관해서는 노년에는 무슨 일이든 과하지 않은 선에서 적당하게 즐길 수 있으며 정신적인 쾌락을 즐길 수 있게 된다고 말했다. 원하는 쾌락의 종류가 달라진다고 이해하면 쉽다. 젊은 시절의 강렬한 육체적 쾌락은 사라질 수 있으나 그 쾌락은 빼앗기는 것이 아니라 다른 것으로 대체될 뿐이다. 키케로의 말을 예로 들면 "노년에는 소박한 만남이나 사람들과 나누는 대화를 즐기게 된다." 그는 불필요한 욕망에서 해방된 노년에 오히려 감사한다고까지 말했다.

네 번째, '노년에는 죽음이 가까워진다'라는 점에 관해서는 죽음이란 원래 나이와는 상관없이 찾아오는 것이라고 말했다. 죽음은 누구에게나 똑같이 위협적이다. 이것은 오늘날 우리도 느낄 수 있는 사실이다. 반복되는 재해와 팬

데믹은 나이와 상관없이 우리의 생명을 앗아 갔다. 죽음 앞에 마음을 놓을 수 있는 사람이 있을까? 키케로는 오히려 노년에 맞는 죽음에 대해, 젊은 사람보다 인생의 마지막 장인 대단원에 가까워졌으므로 좋은 것이라고 이야기했다. 오랜 항해를 마치고 항구에 들어가는 것과 같은 충만함마저 느낄 수 있다고 말이다.

키케로의 이야기를 듣고 있으면 노년이 멋진 시기로 느껴지기까지 한다. 당신이 생각하는 노년은 어떤가? 지금껏 편견으로 가득 차, 나이가 들어가는 삶의 모습에서 지극히 좁은 부분만 보고 있었던 것은 아닌가?

나이를 먹어야 비로소 알 수 있는
나이 듦의 장점

그러나 누군가에게는 이러한 키케로의 이야기가 그저 노년의 비루함을 합리화하려는 억지소리로 들릴 수도 있다. 그런 반응까지 예상했는지 키케로는 다음과 같은 말을 끝으로 《노년론》을 마쳤다.

> 지금까지 내가 노년에 관하여 말하고 싶은 바를 이야기했
> 다. 너희도 이에 도달해 내가 이야기한 것이 무엇인지 직접
> 경험하고 확인할 수 있기를 바란다.
>
> − 《노년론》

여기에는 노인과 함께 대화를 나눈 두 젊은이가 노년까
지 살 수 있기를 진심으로 바람과 동시에, 이미 노년기를
맞은 사람이 아무리 노년의 장점에 관해 이야기해도 그것
은 이미 노년을 맞은 사람만이 알 수 있다는 메시지가 담
겨 있다.

곧 노년기를 맞게 될 사람들에게는 희소식이 될 수 있
을 것이다. 나이 들지 않은 사람들이 결코 알 수 없는 행복
한 시간이 기다리고 있다는 것. 그리고 이제 그 시간을 누
릴 수 있다는 것. 그런 점에서 사실 '노년기의 나'는 '개인
역사상 최고의 나'이다.

이는 과장된 표현으로 여겨질 수 있겠지만 절대 그렇지

않다. 지식도 경험도 비로소 절정에 달하고, 신체 역시 자신에게 맞는 사용법을 익히기만 한다면 중요한 수단이 될 수 있다. 그런 상태를 최고라고 하지 않으면 무엇이라 할 수 있을까. 나이가 들어갈수록 통속적 가치관으로 자신을 재단하고 비하할 것이 아니라 더욱 자신 있게 살아야 한다.

어쩌면 그것만으로는 부족할 수 있다. 그저 자신 있게 사는 것을 넘어 설레며 살아갈 필요가 있다. **인간은 죽기 직전까지 자기 역사상 최고의 자신이 될 수 있다.** 세상이 붙여놓은 꼬리표나 병명에 쓰러져서는 안 된다. 그 또한 통속적 가치관에 지나지 않기 때문이다.

나도 십 년 정도 지나면 노년기에 접어든다. 키케로의 철학을 알고 난 후 그 사실은 불안이 아니라 희망을 부르는 것으로 크게 바뀌었다. 나이가 들지 않으면 알지 못할 나이 듦의 장점을 실감하게 될 그날까지 하루하루 열심히 살 생각이다.

그러고 보니 중요한 이야기 하나를 빠뜨릴 뻔했다. 키케로는 노년기의 장점을 강조하면서 이런 말도 남겼다.

그러나 유의하길 바라건대, 내가 이 이야기 전체를 통해 칭송하는 것은 청년기의 기초 위에 세워진 노년이라는 점이다.

- 《노년론》

즉, 나이 들어 기쁨을 맛보기 위해서는 젊은 시절에 부단히 노력해야 한다는 말이다. 지금의 나이가 몇이든 아직 미래가 있는 한 노력할 시간은 남아 있다. 지금의 노력을 아끼지 않는다면 분명 즐거운 노년이 우리를 기다리고 있을 것이다.

어떻게 즐기며
살 수 있는가

―――――◆―――――

보부아르의 실존주의

하고 싶은 일을

계속하는 법

몸이 약해지는 건 생물학적 현상이므로 피할 수 없는 일이다. 그렇다면 나이 든 사람은 하고 싶은 일을 포기해야만 하는가? 어떻게 우리는 하고 싶은 일을 계속할 수 있을까?

프랑스의 철학자 시몬 드 보부아르1908~1986는 노년을 적극적으로 즐기는 삶의 방식을 취해야 한다고 주장했다. 보부아르는 대표적인 페미니즘 사상가로, 페미니즘의 고전이라고도 불리는《제2의 성》에서 '여자는 여자로 태어나는 것이 아니라, 여자로 만들어지는 것이다'라고 갈파했다. 즉 여자다움은 타고나는 것이 아니라 어디까지나 사회의 요구에 따른 것이며, 우리는 자신답게 살아야만 한다고 주장했다.

보부아르 역시 철학의 길로 나아가고자 했을 때 여성이라는 이유로 주변의 반대에 부딪혔다. 그러나 그녀는 반대를 과감하게 물리치고 파트너였던 사르트르와 함께 실존주의라고 불리는 철학을 구축했다. 실존주의란 그야말로 자기 힘으로 삶과 사회를 개척해 나간다는 사상이다.

그랬던 보부아르도 나이가 들어, 인간이라면 누구나 거치게 되는 나이 듦이라는 문제와 마주한다. 나이 듦이라는 주제에 관해 철저하게 고찰한《노년》이라는 작품이 바로 그 정수라고 할 수 있다. 보부아르는 인생을 마지막까지 적극적으로 즐기려 했다. 그러한 강인함은 그녀의 매력인 한편, 우리에게도 용기를 준다. 그러나 아무것도 하지 않는다면 노년은 그저 처량한 시기로 전락하고 말 것이다.

노년이 우리의 이전 삶의 슬픈 패러디가 되지 않게 하는 방법은 단 하나이다. 그것은 바로 우리 인생에 의미를 부여할 목표를 끊임없이 추구하는 것이다.

－《노년》

노년은 이따금 젊은 시절의 초라한 패러디가 되기 쉽다. 젊을 때 하던 일을 현재 가능한 범위 내에서 할 수밖에 없게 된다는 뜻이다. 구기 운동을 한다 해도 야구가 게이트볼이 되고, 춤을 춘다 해도 힙합 댄스가 사교댄스로 바뀌는 것처럼 말이다. 게이트볼이나 사교댄스도 진심으로 하고 싶어서 시작한 것이라면 괜찮지만, 과격한 운동이 불가능해졌기 때문에 어쩔 수 없이 바꾼 것이라면 그야말로 이전 삶의 패러디이다.

노년을 젊은 시절의 패러디로 만들지 않으려면 인생에 의미를 부여할 목표를 지속해서 추구하는 자세가 필요하다. 그것은 모든 일에 열정적인 태도로 임하는 것, 즉 자신이 정말로 하고 싶은 일을 계속하는 자세라고 볼 수 있다. 억지로 나이 든 사람에게 어울릴 만한 것으로 대체할 필요

없이 말이다.

그녀는 그렇게 함으로써 자신의 내면세계가 목표로 가득하게 된다고도 말했다. 무언가에 열중하고 있는 사람에게는 나이가 느껴지지 않는다. 오직 뚜렷한 목표 의식을 갖고 앞날을 향해 나아가는 모습만이 보인다.

그런 의미에서는 설령 일이나 취미를 자기 나이에 맞는 것으로 대체할 수밖에 없는 사람이라도 다양한 방법을 통해 내면세계를 목표로 채울 수 있다. 앞의 예처럼 야구와 힙합 댄스를 게이트볼과 사교댄스로 대체했다 해도, 대회 우승을 노리는 등의 적극적인 태도는 인생에 의미를 부여할 목표를 추구하는 것이 된다. 그런 태도는 젊은 시절의 패러디라고 볼 수 없다.

그렇다면 노년이란 저항해야 할 대상일까? 얼핏 보면 보부아르가 말하는 삶의 방식은 늙어가는 현실에 저항하는 실존주의의 실천으로 비치기 쉽다. 그러나 그렇게 단순한 것이 아니다. 이는 오히려 노년에 저항하지 않는 방식을 권장한 것이라고 볼 수 있다.

자신의 욕망을
포기하지 말 것

그녀는 노년을 서글퍼하지 말고 즐기자고 강조했다. 그러기 위해서는 나이 듦에 저항하기보다 맞춰가는 자세가 필요하다. 이는 보부아르가 성에 관해 이야기한 것을 보아도 잘 알 수 있다. 지금도 노인의 성을 언급하기를 꺼리는 경우가 많지만, 이미 보부아르는 이 문제에 대해 과감히 발언했다.

나이 든 사람은 때때로 욕망에 사로잡히기를 욕망한다. 왜냐하면 그들은 무엇으로도 바꿀 수 없는 경험에 대한 향수가 있으며, 그들이 청년기와 장년기에 구축한 색정적 우주에 여전히 이끌리기 때문이다.

– 《노년》

나이가 들어서도 인간은 연애를 원하며, 성적 관계를 원한다. 육체적, 정신적으로 노쇠했어도 인간은 욕망하는 것을 결코 잊지 못한다. 욕망을 탐하던 과거의 자신을 욕망하는 것이라고 보부아르는 말했다. 욕망했던 자극적 경험을 그리워하면서, 욕망을 좇던 과거의 자신을 좇는다는 이야기이다. 그 자극적인 경험과 그로 인해 느낀 성의 기쁨은 너무나 귀하기 때문이다.

나이가 들면 성과 무관한 삶을 살아야 한다고 생각하기 쉽지만, 절대 그렇지 않다. 애초에 그 자체가 부자연스러운 일이다. 보부아르의 말에 따르면 정도의 차이는 있을 수 있으나 인간은 언제까지나 성을 원한다. 그럼에도 이 세상은 나이 든 사람이 성을 원하는 모습이 꼴불견이라거나 망측하다는 식으로 이야기하며 그 사실을 부정하려 한다.

나이에 따른 분명한 차별이 아닐 수 없다. 나이가 들었다고 성적인 관계를 포기해야 할 이유는 없다. 성욕은 인간의 본질 중 하나이고, 그러한 욕구를 포기하라고 종용하는 세상은 폭력적이다.

사실 보부아르의 말대로 사람은 성욕을 다 버리지는 못한다. 그러나 일어난 욕망을 해소하고자 해도 생각대로 되지 않는 자신에게 낙담하게 될 때가 있다. 그러므로 나이

든 지금의 자신에게 맞추는 것이 필요하다. 연애 자체는 문제가 아니지만 그 방법이 문제가 될 수 있다. 어떻게 해야 나이가 들어서도 연애를 즐길 수 있을까?

어쩌면 체력에 기대는 연애는 어려울 수 있다. 성적 관계도 마찬가지다. 오히려 정신적인 측면에 중점을 두고 여유를 가지고 사랑할 것. 서두르지 말고 신체의 접촉을 넘어선 감정을 느낄 것. 그렇게 마지막까지 인생을 최대한 즐겨야 할 것이다.

미래 세대를 위해
싸워라

이와 같은 이야기를 하면 보부아르가 말하는 실존주의가 마치 찰나적이고 향락적인 것으로 이해될 수 있다. 그러나 그렇지는 않다. 그녀는 항상 자신이 죽은 뒤의 미래를 생각했다.

나는 무한을 상상할 수 없지만 유한성도 받아들이지 않는
다. 내 인생의 발자취가 남겨질 인류의 모험이 무한히 연장
되기를 바란다.

－《노년》

인생은 유한하다. 그러나 내가 죽는다고 모든 것이 끝
나는 건 아니다. 인류는 계속해서 존속할 것이고, 거기에
는 자기 인생도 어떠한 영향을 줄 것이기 때문이다.

보부아르는 젊은 사람과 미래의 인류가 더 나은 시대를
살아갈 것이라는 희망을 품고 있었다. 그리고 바로 그 희
망이 나이 듦을 받아들이는 데 필요하다고 말했다. 참고로
그녀에게 자녀는 없었으나 그렇기에 오히려 이 말은 보편
성을 가졌다고 볼 수 있다.

인생은 모험이며 누구나 태어났다가 죽기까지의 시간
을 필사적으로 싸워낸다. 노년은 그 싸움의 한 과정이고,
그렇기에 그것을 견디기 위해서는 희망이 필요하다. 그것
은 **자신의 분투가 미래의 누군가에게 반드시 좋은 결과를
가져다줄 것이라는 희망**이다.

실제로 보부아르의 분투 덕에 이후 여성의 지위는 꾸준히 향상되었다. 노인을 둘러싼 상황 또한 노년에 관한 그녀의 획기적인 논고 덕에 개선될 조짐이 보인다. 초고령 사회에 접어들면서 보부아르의《노년》은 다시금 주목받고 있다.

보부아르의 실존주의는 그녀의 인생과 그녀가 살았던 사회뿐 아니라 이후 세대를 바꿔나갈 잠재성을 갖고 있었다. 실존주의적 삶의 방식이란 자기 마음대로 산다는 뜻이 아니라, 자신의 삶이 다음 세대에 영향을 미치고 미래 사회까지 바꿀 수 있는 계기가 된다는 점을 인식하며 사는 것이다.

《노년》의 문맥에 맞게 이야기하자면, 지금의 활기찬 노인들이 만들어 낼 문화는 장수 시대의 삶의 방식, 복지 제도, 사회가 나아갈 방향 전체를 크게 바꿀 것이다. 그 점을 인식하며 살면 보부아르의 말대로 의욕이 생겨나기 마련이다. 나이 들어 사회의 짐 취급을 당하던 노인이 노년을 즐겁게 사는 것만으로도 사실은 사회에 보탬이 된다니, 이보다 기쁜 일은 없을 것이다. 자신의 노력이 미래 세대에 좋은 영향을 미치게 되는 것이기 때문이다.

노년은 즐거움이자 희망이다. 이것을 보부아르의 《노년》에서 배울 수 있다.

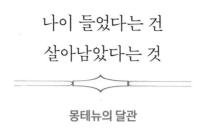

나이 들었다는 건
살아남았다는 것

몽테뉴의 달관

당신이 살아남은 것

자체가 기적이다

프랑스의 철학자 미셸 드 몽테뉴1533~1592는 나이 듦을 행운으로 받아들이고, 노년에야말로 자기 인생을 즐겨야 한다고 주장했다. 나이 들었다는 건 비극적인 일이 아니라 긴 시간 살아왔다는 증거이기 때문이다.

인생에는 다양한 일들이 일어난다. 그중에는 사고를 당하거나 병에 걸리는 등의 불행한 일도 당연히 포함되어 있으므로 순조롭기만 한 인생은 없을 것이다. 망각이라는 인간의 능력 덕분에, 시간이 지나면 모든 일은 색이 바랜다. 좋았던 일은 그리워지고 나빴던 일은 그다지 나쁘지 않았던 것으로 기억되기 마련이다. 그래서 사실은 파란만장한 인생을 보냈더라도 대체로 평온한 삶이었다고 생각하는 것이다.

우리 삶에는 죽음에 이를 만한 일도 많이 일어난다. 병을 예로 들어 말하자면 많은 사람이 결국에는 어떠한 질병에 걸려서 죽음을 맞는다. 따라서 몽테뉴는 **나이 들 수 있었던 것은 질병과 싸워 이겨 그때까지 살아냈다는 증거**라고 역설적으로 생각했으며, 그것을 다음과 같이 표현했다.

극심한 노화가 가져오는 기력의 쇠약으로 죽기를 기대하며, 우리의 생명 지속에 관해 그러한 죽음을 목표로 제시하는 것은 상식에서 한참 벗어난 생각이다. 그것은 모든 죽음 중에서도 가장 희박하고 실제로 일어나기 가장 드문 종류의 죽음이기 때문이다.

– 《에세》

병에 걸리지 않고 그저 순수하게 노쇠하여 죽는 것은 오히려 기적이라는 뜻이다. 그렇게 생각하면 나이 듦은 또한 감사해야 할 상태가 된다. 지금의 나이까지 살 수 있었던 것에 감사한다면 하루하루를 좀 더 소중히 여기게 될 것이다.

바꿔 말하면 나이 든 삶은 행운 그 자체라고 할 수 있다. 지금껏 살아오면서 우리 모두는 분명 몇 차례씩 위기에 맞닥뜨렸을 것이다. 물리적 위기, 정신적 위기 혹은 두 위기가 동시에 찾아오는 위기까지. 그러한 점을 생각하면 반세기 이상 살아올 수 있었던 것만 해도 대단한 일이지 않은가?

모래시계의 아랫부분을 보는 연습

그러나 평소에는 그렇게 생각하기가 쉽지 않다. 우리는 살아올 수 있었던 시간보다도 앞으로 살아갈 수 있을 시간에만 집중하기 때문이다. 모래시계로 비유하자면 떨어진 모래가 얼마나 많은지가 아니라, 위에 남아있는 모래가 얼마나 적은지만 쳐다보는 형국이다. 그러므로 사람은 어느 정도 나이가 차면 모래시계의 윗부분이 아닌 아랫부분에 눈을 향하게 하는 훈련이 필요한지도 모른다. 실제로 몽테뉴는 철학을 통해 그 훈련이 가능하다고 이야기했다.

고대 그리스 시대부터 죽음은 인간에게 있어 가장 큰 수수께끼이자 고통의 근원이었다. 그래서 철학 역시 죽음을 받아들이기 위해 존재한다고 여겨졌다. 인생이 무엇이고 죽음이 무엇인지를 깊이 생각해야 비로소 우리는 달관할 수 있게 된다.

많은 사람에게 철학은 그저 일종의 학문일 뿐이다. 하지만 이러한 철학의 의의를 깨달으면 이 추상적이고 무미건조해 보이는 학문이 갑자기 구체적이고 선명하게 느껴지기까지 한다. 나는 인생의 위기가 찾아온 청년 시기에 철학과 만났기 때문에 처음부터 생생하게 느껴졌다.

사실은 철학뿐 아니라 사람이 죽을 때까지 무언가를 공부한다는 건 삶과 죽음을 생각하기 위함이라고 말할 수 있다.

몽테뉴도 그의 저서에서 바로 이렇게 이야기했다.

그리고 이렇게 노쇠한 시기에 그 같은 공부가 무슨 소용이냐고 묻는 사람에게 '강인하고 더 나은 인간이 되어 좀 더 평온한 마음으로 이 세상을 떠나기 위함이요'라고 대답한 사람과 같은 대답을 할 수 있어야겠다.

– 《에세》

모든 일에는 타이밍이 있다는 것이 몽테뉴의 지론이다. 따라서 그냥 닥치는 대로 아무 공부나 해도 된다고 생각하지는 않았다. 오히려 노쇠한 시기에 새로운 학문에 첫걸음을 떼는 것은 실수라고까지 이야기했다. 개인적으로는 그 또한 자유라고 생각하지만, 몽테뉴의 생각은 달랐다.

그의 말에 따르면 우리가 노년에 이르러 배워야 하는 것은 '죽음을 받아들이기 위한' 학문이다. 그리고 보니 나이가 들면 철학과 종교에 관한 책을 읽기 시작하는 사람이 늘어난다. 이 또한 인생을 깊이 생각하고 죽음을 받아들이고자 그 지혜와 방법을 모색하는 것이 아닐까.

남은 인생은 당신을 위해
쓸 준비가 되었는가?

공부를 비롯해 나이가 들어갈수록 우리가 하는 모든 행동
은 죽음을 받아들이기 위한 준비로 한데 모인다. 슈카쓰終
活*가 그 전형이다.

　그렇다고 인생을 더 이상 즐기지 않아야 한다는 뜻은
아니다. 오히려 그 반대의 이야기이다. 남은 시간이 많지 않
으므로 해야 할 일에 집중하는 것이 바람직하다.

　이에 관해 몽테뉴는 훌륭한 조언을 남겼다.

　타인을 위한 삶은 충분히 살았다. 적어도 지금부터 남은
　인생은 자신을 위하여 살자. 우리의 수많은 생각과 계획을

* 장례 준비, 유산 상속 등을 포함하여 자기 인생을 돌아보고 삶을 정리하는
일본의 문화이다.

우리 자신과 우리 마음이 편안할 수 있는 쪽으로 향하게
하자.

－《에세》

　오래 살았다는 것은 그만큼 다른 사람을 위해 공헌했
음을 의미한다. 가족을 위해, 회사를 위해, 사회를 위해. 그
러니 남은 생은 이제 마땅히 자신을 위해 써야 한다. 물론
다른 사람에게 폐를 끼쳐가며 자기 마음대로 살라는 말은
아니지만, 적어도 타인이 아니라 자신을 삶의 중심에 두어
야 한다는 뜻이다.
　이는 타당한 주장이다. 지금은 '평생 현역'이라고 하는,
언뜻 긍정적으로 보이는 표현 아래 죽을 때까지 일해야 할
것 같은 분위기가 조성되어 있다. 정년퇴직 연령은 계속해
서 연장되고 연금을 받는 시기도 점점 미뤄지고 있다.
　물론 활기차게 일하고 싶은 사람은 그렇게 하면 될 테
고 사회 공헌도 필요할 것이다. 그러나 그것이 사회적인 압
력으로 작용하여 노년을 즐기지 못하게 하거나 자신을 위
해 시간과 돈, 에너지를 쓰지 못하게 만드는 것은 문제이다.

우리는 서로 협력해야 한다. 그것은 세대 간에도 적용되는 말이다. 노인은 사회의 짐이 되려 해서는 안 된다는 생각도 이해하지만, 열심히 살아온 사람이 쉴 수 있고 위로받을 수 있는 환경을 만드는 것 역시 또 하나의 협력일 수 있다.

몇 세에 그 혜택을 누릴지에 관한 논의는 있을 수 있겠으나, 언제까지고 계속해서 일할 수 있는 사회를 표방한다면 반대로 언제든지 은퇴할 수 있는 시스템을 만들어 두어야 균형을 맞출 수 있을 것이다. 은퇴란 본래 사회적 차원이 아니라 개인 차원의 일이다. 자신이 충분히 일했다고 느꼈을 때 은퇴하면 된다. 세수가 부족하다든가, 조직이 성립하지 않는다는 것은 이차적인 이유이다. 가장 우선해야 하는 것은 개인의 인생일 테니까.

결국 여기서 말하는 은퇴란 어디까지나 타인을 위한 삶으로부터의 은퇴이다. 거기서부터 자신을 위한 삶이 시작된다. 그렇게 생각하면 나이 듦도 나쁘지만은 않아 보인다. 자신답게 살 수 있는 시간이 점점 가까워지기 때문이다.

어쩌면 나이 듦이란 이상적인 삶의 방식을 추구하는 과

정이라고도 할 수 있다. 그것은 인생에서 다양한 일을 경험한 뒤에야 비로소 알 수 있다. 그러므로 노년은 죽음에 쫓기는 시기가 아니라 이상을 좇는 시기라고 표현할 수 있다. 몽테뉴의 달관은 우리를 이런 경지로까지 끌어올린다.

“

오래 살았다는 것은 그만큼

다른 사람을 위해 공헌했음을 의미한다.

가족을 위해, 회사를 위해, 사회를 위해.

그러니 남은 생은 이제

마땅히 자신을 위해 써야 한다.

”

무엇에 인생의 가치를
둘 것인가

융의 정신분석

인생의 오후에는

어깨의 힘을 빼고 느긋하게

사람은 언제 자신이 나이 들었다고 느끼게 될까? 대다수
는 스스로 깨닫지 못하는 사이에 늙어가다 어느 날 그 사
실을 누군가에게 지적받고서야 깨닫는 일이 많을 것이다.
지금까지 문제없이 해왔던 일들이 불가능해지고 그것이
나이 탓이라는 말을 듣게 된 경우 또는 정년이 되어 비자
발적으로 직장을 바꾸게 될 때도 마찬가지이다.

그러나 그런 상황은 자신이 나이를 먹었다는 사실을 사회로부터 객관적으로 통보받은 것과 같다. 늙어버린 자신을 스스로 받아들이지 못한 채 다른 직장으로 이직해 일하려 해도 젊었을 때처럼 일할 수는 없다. 60대, 70대가 되면 일은 물론 취미와 일상생활마저 예전과 같기는 어려워진다. 그럼에도 자기 마음에는 변화가 없으므로 그저 당면한 어려움을 한탄할 뿐이다.

그렇다면 어떻게 해야 할까? 일을 뜻대로 할 수 없거나 일상생활에 어려움이 있을 때마다 그저 감수해야 하는 것일까? 스위스의 심리학자이자 정신분석가인 칼 구스타프 융1875~1961은 《C. G. 융 무의식 분석》에서 그렇지 않다고 말했다.

인생의 오후는 인생의 오전 못지않게 깊은 의미가 있다. 단, 인생의 오후가 가진 의미와 목적은 인생 오전의 그것과는 전혀 다르다.

– 《C. G. 융 무의식 분석》

인생의 오전이란 젊을 때를 가리키며 인생의 오후는 노년을 비유한다. 그리고 인생의 오후에도 인생의 오전과 다름없는 깊은 의미가 있다고 말한다. 하루의 오전과 오후에 우열이 없듯, 오후가 오전보다 못하다거나 즐겁지 않다고 말하는 사람은 없을 것이다.

그러나 의미와 목적, 즉 해야 할 일에는 변화가 필요하다. 융에 의하면 인생에는 두 가지 목적이 있다. 첫 번째 목적은 자연목적•으로, 결혼해서 아이를 낳아 기르고 일을 해서 지위를 구축하는 것이다. 그에 비해 두 번째 목적은 문화목적••이라고 하며, 이는 더 큰 목적을 위해 느긋하게 살아가는 것을 말한다.

융은 인생의 오전에는 자연목적을 위해 살고, 인생의 오후에는 문화목적을 위해 사는 것이 바람직하다고 이야기했다. 이는 나이가 들어서는 일을 하지 말라거나 사회적

• 융 이전에 칸트의 《판단력 비판》에서도 나오는 개념으로, 원어는 'Naturzweck'이다. 유기체 자체를 뜻하기도 하고 생명체가 생존하고 번식하려는 본성을 뜻하기도 한다. 자연목적은 인간을 포함한 모든 생명체에 적용할 수 있는 개념이다.
•• 문화목적은 자연목적과 다르게 인간에게만 있는 것으로, 인간의 최종 목적 중 하나로 볼 수 있다.

지위를 쌓아 올리지 말라는 뜻이 아니다. 일하거나 사회적 지위를 쌓는다 해도 그 자체를 목적으로 삼아서는 안 된다는 말이다.

목적 달성 자체가 중요해지면 필사적으로 매달리게 되고 무리하기 마련이다. 그러나 그 자체가 목적이 아니라면 어깨의 힘을 좀 더 빼고 살 수 있게 된다. 중요한 것은 그렇게 어깨의 힘을 뺄 수 있느냐 하는 것이다. 그럴 수 없다면 받쳐주지 않는 체력 또는 주위 사람과의 갈등으로 하려는 일이 제대로 굴러가지 않는다. 언제까지고 젊었을 때와 같은 방식을 고수해서는 안 될 일이다.

당신의 삶의 가치는
지금 어디에 있는가

아직은 젊은 사람에게 질 수 없다고 생각하는 사람도 있다. 그것 또한 멋진 생각이나, 지지 않겠다는 의미가 젊은 사람들과 같은 일을 같은 방식으로 해서 이기겠다는 마음이어서는 안 된다.

같은 일을 하더라도 다른 방식을 통해 전체를 최적화하는 것이 진정한 의미에서 지지 않는 방법이지 않을까? 무리해서 젊은 사람들과 같은 방식으로 경쟁하려 하면 전체적으로 좋지 못한 결과를 내기 쉽다.

노년 세대가 청년의 발목을 잡거나 다음 자리를 내주지 않음으로써 미래 세대가 성장하고 활약할 기회를 빼앗으면 결과적으로 조직 전체의 효율이 떨어진다는 이야기를 쉽게 들을 수 있다. 이는 사실 그 누구에게도 좋은 일이 아니다. 그러므로 우리는 여기서 목적의 변화를 생각할 필요가 있다. 융은 그 점을 다음과 같이 표현했다.

오전에서 오후로 이행한다는 것은 이전에 가치 있다고 여겼던 것을 재평가한다는 뜻이다. 젊었을 때 추구했던 여러 이상의 반대편의 가치를 깨닫는 일이 필요해지는 것이다.
－《C. G. 융 무의식 분석》

융이 말하는 가치의 재평가란 무엇에 어떠한 가치가 있

는지, 그리고 무엇에 가치를 둘 것인지를 다시 생각하는 것이다. 그뿐 아니라 젊었을 때 좋다고 여긴 것의 반대 개념의 가치를 발견하라고도 말했다. 아무래도 젊을 때는 돈이나 성공을 중요하게 여길 수 있다. 다소 무리를 해서라도 닥치는 대로 일하는 까닭은 거기에 있다.

나 또한 악착같이 일에 매달려 살았다. 부와 성공을 위해서이기도 했지만 무엇보다 나의 한계에 도전하고 싶었다. 유명 작가들이 잘 시간도 없이 일했다는 이야기를 듣고, 그들을 본받기 위해 수면 시간까지 줄여 가며 집필해 왔다. 그러나 쉰을 넘길 즈음 갑자기 건강에 적신호가 켜졌다. 가치의 재평가를 할 수밖에 없는 상황에 놓인 것이다. 그나마 젊은 편인 쉰 살에 비교적 가벼운 병을 앓으면서, 돌이킬 수 있을 때 깨닫고 넘어갈 수 있었다. 다행히도 좋은 타이밍에 가치를 재평가할 기회가 주어졌다.

이렇듯 돈이나 성공의 반대 개념으로 건강을 들 수 있다. 나이가 들면 약간만 무리해도 큰 영향을 받게 되므로 건강이 중요해진다. 수면 부족 상태가 이어져도 40대까지는 별문제 없이 살 수 있다. 그러나 50대에 같은 패턴의 생활을 한다면 건강에 큰 타격을 입는다. 60대라면 몸이 더 크게 상할 것이고 70대에는 치명타가 될 것이 분명하다.

물론 나이가 들어도 돈은 필요하다. 그러나 죽을 때 돈을 들고 갈 게 아니라면 살아 있는 동안 쓸 정도의 돈만 생각하면 된다. 나이 든 사람이 몸을 축내가며 돈을 버는 일은 너무 위험하다. 건강을 잃는 선에서 그치지 않고 생명까지 단축될 수 있다.

지금껏 내가 걸어온 길 위에 유산을 남기는 일

그렇게 생각하면 일을 하는 의미, 그 자체를 바꿀 필요가 있다. 만일 정년퇴직 후 다시 얻은 직장에서 일하는 경우라면 자신의 성공보다 인재를 육성하는 일에 가치를 두면 어떨까? 이 또한 자신이 해온 일을 눈에 보이는 형태로 만드는 과정일 것이다.

자신이 습득한 지식과 기술을 다음 세대에 전수하는

일은 다른 의미로 자기 성장의 일부가 될 수 있다. 그렇게 생각하면 가치의 재평가가 아예 다른 것을 추구하라는 의미는 아님을 알 수 있다.

융 역시 이렇게 못 박아 설명했다.

중요한 것은 반대편의 개념으로 가치를 전환하라는 것이 아니다. 반대 개념을 받아들이며 이전의 가치를 지켜 나가라는 이야기이다.

– 《C. G. 융 무의식 분석》

그저 반대편의 개념이 좋다는 것이 아니라 지금까지 가치 있게 여긴 것까지 포함하여 양쪽을 조화시키라는 뜻이다. 융의 사상은 반대편의 가치를 중요시하라거나 자신이 해온 일을 부정하라는 식의 양자택일을 말하고 있지 않다. **오히려 자신이 해온 일을 긍정하고 그 연장선 위에서 다른 형태의 유산을 구축하라는 말이다.** 그런 점에서 다음 세대를 육성하는 일은 유산을 남기는 것과 같다고 볼 수 있다.

좁은 의미에서 자신의 업적에만 치중하면 유종의 미를 거두지 못할 수 있다. 융의 말처럼 이전의 가치를 지키면서 반대 가치를 받아들이는 것이 이상적이다. 이는 일은 물론이고 삶의 방식 전반에 적용할 수 있는 이야기이다.

이제는 온 힘을 다해 일할 수 없는 자신을 받아들여야 한다. 그러나 이는 이전의 자기 페이스나 방식을 바꾸는 것일 뿐 자기 본질까지 바꾸는 것은 아니다. 나이 듦은 비굴해지는 일도, 자신을 부정하는 일도 아니다. 어디까지나 자신에게 맞춰가는 과정이다. 여기서 '자신'이란 이미 사라진 자신의 환영이 아니라 현재의 자신이다. 현재의 자신에게 가장 알맞게 맞추어 편안한 마음으로 살아갈 때 비로소 사람은 노년을 즐기며 최고의 능력을 발휘할 수 있다.

나이 든 사람은
사회의 짐이 아니다

와시다 기요카즈의 노년 윤리

당신의 노년을

인생의 울타리 안에 가두지 마라

오늘날 일본인의 약 30퍼센트는 65세 이상의 노인이 차지하고 있으며,[*] 전체 인구는 계속 감소하고 있어 노년층을 지탱할 현역 세대의 부담은 날로 커지고 있다. 이 같은 상황에서 일을 그만둔 노인은 사회에 도움이 되지 않는 짐이

---

[*] 한국은 2024년 기준 65세 이상 인구가 전체 인구의 19.2퍼센트이며, 2036년에 30퍼센트를 넘어설 것으로 전망된다(통계청의 '2024 고령자 통계' 참고).

라고 냉담하게 말하는 사람도 있다. 일본의 철학자 와시다 기요카즈1949~는 그러한 의견에 반대한다. 노년을 특별한 것으로 보지 않으며, '가능함'을 목표로 하지 않는 사회를 이상적으로 보는 와시다의 노년 윤리란 무엇일까?

지금까지 개인 차원의 노년을 이야기했는데, 사실 노년은 사회문제라고 단언할 수 있다는 것이 철학자 와시다 기요카즈의 노년 윤리이다. 그는 현재 우리가 안고 있는 문제를 '노년의 공백'이라고 표현했다. 노년을 무력, 의존, 노쇠 등의 단어로만 인식하며 사회문제로 만들어 버린 현실을 가리켜 한 말이다.

일반적으로 공백이란 존재해야 마땅할 것이 그렇지 않은 상태를 가리키는데, 사회는 노년을 손쓸 수 없는 공백으로 취급한다. 현대 사회에서 우리는 입만 열면 고령화 문제를 어떻게든 해결해야 한다고 말하지만, 이는 역설적으로 고령화 문제에 수수방관하고 있다는 증거이다.

이러한 상황이 예상된 지 이미 수십 년이 흘렀지만 사태는 조금도 나아지지 않았다. 문제는 점점 커지고 공백은 넓어지고 있다. 그렇다면 이제 우리는 고령화를 멈추려 할 것이 아니라 노년의 개념 자체를 수정해야 하지 않을까?

와시다는 이런 질문으로 화두를 던졌다.

> 노년을 인생 속에 가두지 말고 인생과 평행한 것으로 받아들이려는 것과, 그러한 의미에서 인생의 좁은 논리를 확장하는 일이 필요하지 않을까?
>
> ―《노년의 공백老いの空白》

즉 노년을 인생의 마지막 부분으로 좁게 보지 말고 원래부터 인생과 병렬적으로 존재하는 다른 것으로 받아들일 필요가 있다는 이야기이다. 노년의 개념 자체를 수정한다는 것은 노년으로 이어지는 인간의 일생을 재정립하는 일이기도 하다. 탄생부터 노년을 거쳐 죽음으로 이르는 직선적 시간의 이해, 그 자체를 다시 생각할 필요가 있다.

우리는 상식에 사로잡혀 있다. 그래서 문제를 해결하겠다고 하면서도 이전의 상식을 전제로 그 안에서 미시적 대책을 짜내기만 한다. 그러나 문제의 뿌리가 깊다면 그것으로는 해결되지 않는다. 무엇을 해도 단솥에 물 붓기에 지나지 않는 것이다. 그러므로 발상의 대담한 전환이 필요한데, 와시다가 시도하는 노년 개념의 전환이 그러하다.

바로 **인생 안에 노년을 가두지 않고 오히려 그 바깥에 노년을 위치시키는 것**이다. 노년을 시간 개념으로부터 해방하자는 의미라고 할 수 있다. 따라서 노년은 인생의 어느 시기에나 찾아올 수 있다고 그는 말한다. 몇 살이든 정신적으로 무르익을 수 있기 때문이다.

즉 노년은 나이가 아닌, 삶의 방식 중 하나가 될 뿐이다. 우리의 정신이 성숙해진 때이므로 노년은 동경의 대상이 될 수 있다.

인생의 목표를 '가능함'에
두지 않아야 하는 이유

이러한 노년의 개념은 인간에게 붙여진 다른 부정적인 꼬리표에도 의문을 던질 계기를 마련해 준다. 사실 와시다는 노년과 초년을 병렬적으로 다루거나, 노년과 장애를 같은 범주의 문제로 보고 논하기도 했다. 이는 모두 생산 지상주의 속에서 정상의 개념을 벗어난 삶의 방식이다. 이것을 모두 구제하려면 바로 그 '정상'의 개념 전환이 필요하다. 와시다는 이에 관해 '가능함'과 '불가능함'이라는 용어를 사용하며 설명했다.

> 불가능함을 가능함의 반대 개념인 결여로 받아들일 것이 아니라 불가능함의 의미를 고찰한 뒤 말하자면 불가능해지므로 가능해지는 것, 또는 가능함을 목표로 하지 않는 삶의 모습을 생각할 필요가 있다.
>
> ─《노년의 공백》

생산 지상주의 세계에서는 가능만이 요구되며, 불가능이란 그저 결여를 의미한다. 그렇게 되면 이 생산 중심의 사회에서 불가능한 것이 많은 노인 등은 존재 의식이 흐려진다. 그것이 노년의 공백을 초래하는 것이다.

사실 나에게도 노후 걱정은 곧 불가능해질 일들에 대한 걱정을 의미했다. 그런 걱정은 나이 들어가는 자신을 깔

보게 만든다. 그러나 이는 단편적 견해에 지나지 않는다. 모든 일을 가능함의 잣대에 따라 받아들일 필요는 없다. 어떤 의미에서 가능함과 불가능함은 대등한 가치를 지니고 있기 때문이다. 결코 만능일 수 없는 인간에게 불가능한 일이 있는 것은 당연하다.

그렇다면 오히려 불가능함을 당연하게 여기고, 가능함을 목표로 하지 않는 삶과 사회가 필요하지 않을까? 인간의 존재 의미는 생산만이 아닐 것이다. 그럼에도 생산성이 인간의 척도인 양 왜곡되어, 생산성 낮은 인간은 마치 사회의 짐짝처럼 다루어지는 것이 지금의 현실이다.

노년을 특별하게
보지 않는 사회

이런 어리석은 상황을 타개하려면 척도 자체를 바꾸어야 한다. 와시다는 그 변화를 가리켜 '강함으로부터 약함으로 사회 구성의 축이 이동하는 것'이라고 표현했다. 생산성뿐 아니라 효율성, 유용성, 합리성 등의 성취 지향적 지표들을 파괴하고 유희, 사랑, 돌봄, 무위와 같은 단어가 활개를 치며 돌아다닐 수 있는 사회를 구축하자는 이야기이다.

무위마저 높이 평가하려는 태도는 그 스스로 인정하듯 급진적인 측면이 없지 않다. 그는 프랑스의 철학자 장 뤽 낭시의《무위의 공동체》를 이상적으로 보았고, 그것의 한 모델로 홋카이도 우라카와 마을의 장애인 공동체인 '베델의 집'을 소개했다. 이 시설에서는 정신장애가 있는 사람들이 공동생활을 하고 있는데, 그 모습을 보면 와시다가 그리는 급진적인 사회상이 단번에 구체성을 띠게 된다.

장 뤽 낭시의 무위의 공동체란 이미 목적과 규칙이 있는 곳에 사람을 끼워 넣는 것이 아니라, 특수한 사람들이 한데 모여 의사소통을 통해 성립한 존재를 말한다. 그리고 이를 구현한 공동체가 바로 베델의 집이다.

이러한 베델의 집에서는 작업장에서 농땡이를 피우는 것도 나쁜 일이 아니고, 병원에서조차 병의 치료가 요구되지 않는다. 그곳에서 추구하는 것은 오로지 의사소통뿐이다. '세 끼 식사보다 회의'라는 슬로건이 이를 보여 준다.

베델의 집에서 행해지는 의사소통은 입주자들의 존재 의의이며 베델의 집이라는 한 공동체를 이루는 중요 요소이다. 그렇기에 입주자들은 회의에서 하고 싶은 말을 하고 자신을 드러내며 소통을 즐긴다. 그곳은 아무것도 생산하지 않는 사람들끼리 서로를 받아들이고자 하는 장소다.

이러한 삶의 방식이 사회 전체에 공유되어 누구나 생산의 속박에서 벗어날 수 있을 때 비로소 노년은 문제가 아니게 된다. 그리고 누구나 노년을 풍요로운 시간으로 누릴 수 있게 된다. 와시다도 그러한 이상향을 꿈꿨다.

> 노력한 다음에 오는 휴식 또는 퇴직한 뒤에 느끼는 가뿐함이 아니라 의무로 여겼던 일을 하지 않는 것이 이 사회의 변화를 가져다줄 하나의 초월로 작용할 때 노년을 누리는 것이 가능해지지 않을까?
>
> —《노년의 공백》

사실 노년이란 그렇게 특별한 것이 아닐는지도 모른다. 누구나 인생의 단계와 시기에 상관없이 그저 일상의 향유를 바랄 뿐이다.

노년을 특별한 것으로 정의하려는 순간, 설사 그것이 긍정적인 뉘앙스를 띠고 있다고 해도 이미 순수하게 노년을 누리는 것을 허락하지 않는 불온한 공기가 감돌기 시작한다. 바꿔 말해서 그런 식으로 노년을 특별하게 보는 것을 멈출 수만 있다면 노년은 문제가 되기는커녕 사회가 만든 모든 차별을 극복할 계기로 작용하며 우리 사회에 복음을 전하는 종소리가 될 것이 분명하다.

그러므로 지금 우리에게 요구될 윤리는 이러한 노년 윤리여야 한다. 당연한 말이지만 가장 큰 문제를 해결할 수 있다면 세상을 크게 바꿀 수도 있다. 노년 윤리는 틀림없이 이를 위한 해결책이 될 것이다.

"

노년은 나이가 아닌,
삶의 방식 중 하나가 될 뿐이다.
우리의 정신이 성숙해진 때이므로
노년은 동경의 대상이 될 수 있다.

"

2장

질병

어떻게 질병에
저항할 수 있는가

알랭의 행복론

우리는 왜

병에 걸릴까?

살면서 모든 병을 피하기란 어렵다. 나이가 들수록 지병이
있는 상태로 사는 시간도 늘어나기 마련이다. 병에 걸리면
몸의 통증과 피로를 느낄 뿐만 아니라 치료에 신경을 써야
하므로 일상에도 제약이 생긴다. 어떻게든 질병에 저항할
방법은 없는 것일까?

　프랑스의 철학자 알랭1868~1951은 '기분 좋게 있는 것'이

그 방법이라고 이야기했다. 기분에 따라 병을 예방할 수도, 고통을 누그러뜨릴 수도 있다는 이야기이다.

병은 보통 부정적인 것으로 취급된다. 그러나 누구나 병에 걸린다. 물론 병에는 경중의 차이가 있고 앓는 기간의 차이도 있다. 다 나은 줄 알았는데 몇 번이고 반복해서 병에 걸리는 일도 있다. 이러한 차이는 있지만 누구나 병에 걸리는 것은 왜일까?

그것은 인간이기 때문이다. 다시 말해 섬세한 신체를 지닌 존재이기 때문이다. 만일 슈퍼맨처럼 우리의 신체가 완벽하다면 병이 들어올 틈도 없을 것이다. 그러나 인간은 다르다. 장기도 근육도 작은 것에 통증을 느끼고 세균의 침입을 받는다.

그런데 대부분 병의 원인은 자기 바깥에 있지 않다. 특히 알랭은 그렇게 생각했다. 병에 걸리는 가장 큰 원인은 무엇일까? 알랭은 그의 저서 《행복론》에서 그 원인은 **두려움**에 있다고 명쾌하게 대답했다.

불안과 공포를 생리적으로 상세히 연구하면, 불안과 공포

또한 일종의 병이며 다른 여러 질병에 더해져 병의 진행 속도를 빠르게 만든다는 점을 알 수 있다.

– 《행복론》

결국 병을 만드는 것은 불안과 공포이다. 수험생에게 갑자기 찾아오는 복통이 하나의 예가 될 수 있다. 반면 테베의 은자라고 불린 초기 기독교도들은 죽음을 바랐으나 결과적으로 장수를 누렸다. 아무 두려움이 없으면 병에 걸리지 않으니, 그들은 죽음을 두려워하지 않음으로써 건강을 지킬 수 있었다.

병이 무서워서 도망을 갔는지도 모른다. 농담이 아니라 의사가 종종 하는 말이기도 하다. 위독한 상황에서 의사는 "이제 환자분의 의지에 달렸습니다"라고 말한다. 이는 마음먹기에 따라 병을 물리칠 수도 있다는 증거이지 않을까?

그러므로 병에 걸리고 싶지 않다면 무엇도 두려워하지 않는 것은 물론이고, 더욱 적극적으로 기분 좋은 상태를 유지해야 한다고 알랭은 말했다. 그는 이를 두고 '치료법'이라고 말했는데, 그보다는 '예방법'이 더 정확한 표현일 듯하다. 자칭 불굴의 낙관주의자였던 만큼 의학에 관한 생각마저 철저하게 낙관적이다.

그러나 한편으로 이치에 맞는 말이기도 하다. 보통 화가 날 법한 일에도 좋은 기분을 유지한다면 성내는 일 없이 넘어갈 수 있다. 이것이 병을 피하는 방법이라는 이야기이다. 스트레스가 만병의 근원이라는 말처럼, 뜻밖에도 그의 말이 사실일 수 있다. 그리고 보면 웃음이 오래 사는 데 영향을 미친다는 말 역시 자주 들을 수 있다.

알랭은 이러한 비유도 했다. "오장육부를 마사지할 수 있다면 좋겠지만 그러기는 어렵다. 그러나 기쁨은 오장육부를 마사지하는 것과 같은 효과가 있다. 게다가 그것은 어떤 의사도 하지 못하는 마사지이다." 하기야 의사가 하는 일은 사람을 기쁘게 하기보다는 오히려 불안을 들이미는 측면이 있다. 병원에 가기 괴로운 이유는 병원이나 의사를 불안과 연결하는 인간의 상상력이 재앙으로 작용하기 때문이라고 볼 수 있다.

두려워하지만 않는다면

행복에 이를 수 있다

알랭은 병으로 인한 괴로움에는 실제의 고통뿐 아니라 상
상의 고통이 추가되어 있다며 이렇게 조언했다.

> 자칫 주의하지 않으면 일생을 헛되이 보낼 수 있다. 비극
> 을 연기하려 하지 말고, 온 힘을 다해 참된 지혜와 슬기로
> 써 실제 현실을 생각해야만 한다.
>
> - 《행복론》

다시 말해 비극을 연기하듯 부풀린 상상으로 괴로워하
지 말고, 차분한 마음으로 현실의 상황만을 생각하라는 이
야기이다. 쓸데없이 상상을 부풀리지 말고 침착해야 한다.
침착할 때 사람은 여유로워질 수 있다. 심호흡하라고 하는
것도 그러한 이유에서이다. 알랭에 따르면 사람은 침착해
짐으로써 몸에서 힘을 뺄 수 있고 자연스럽게 정상 상태를
회복할 수 있다. 그것이 병을 악화시키지 않는 비결이다.

만약 병에 걸렸더라도 과잉 반응은 하지 말아야 한다. 알랭은 마치 의사처럼 "감기에 걸렸더라도 과한 기침은 삼가라"라고 조언하기도 했는데, 이 말에도 일리가 있다. 누구나 기침을 과하게 하다 감기 증상이 심해진 경험이 한 번쯤은 있을 것이다.

이렇듯 두려움과 상상이 병을 만들고 악화시킨다. 그가 주장한 가장 좋은 치료법은 만약 위나 간에 아픔을 느끼더라도 전부 티눈 보듯 하면 된다는 것이다. 실제 티눈으로 인한 통증은 무척 심한 편인데, 그러한 국소 부위의 피부 통증이 중요 장기에 생긴 질병과 같은 정도의 통증을 유발한다는 점에서 오히려 용기를 얻을 수 있다고 보았다.

알랭의 건강법 또는 질병에 대한 치료법은 주로 기분 전환에 있다는 점은 잘 알 수 있을 것이다. 하지만 그렇다고 해서 물리적인 치료가 의미가 없다는 뜻은 아니다. 그는 플라톤이 제창한 2대 요법에 관해 이야기했다. 그것은 바로 체조와 음악이다.

규칙적인 근육 운동은 분명 가장 좋은 치료법이다. 이때는 음악이 무용 선생님으로 등장한다. 이 선생님은 작고 저렴한 바이올린을 켜서 장기의 혈액순환을 최적의 상태로 조정한다.

－《행복론》

알랭다운 멋진 표현이다. 물론 실제로 병에 걸리면 약도 먹어야 하고 수술을 받아야 할 수도 있다. 그러나 알랭의 질병에 관한 철학을 되새긴다면 적어도 긍정적인 마음을 가지게 되지 않을까? 같은 치료를 받더라도 침울한 기분으로 있으면 불행해지기만 할 뿐이다. 그에 비해 이 정도는 티눈이나 마찬가지라는 긍정적인 마음으로, 금방 떨치고 일어나겠다고 생각하면 기분도 밝아질 수 있다.

알랭이 병에 관해 이야기한 몇 편의 에세이가 후에《행복론》이라는 제목의 책으로 출간된 것도 이해가 간다. 병에 걸렸다는 사실을 암담하게 받아들이면 불행해지지만, 필요 이상으로 두려워하지 않는다면 행복해질 수 있다.

온 힘을 다해
마음에 저항하라

어느 병이든 신체의 이상이 원인일 수 있겠지만, 그로 인해 통증을 느끼고 괴로워하며 기분까지 가라앉는 것은 마음의 영역이다. **몸은 어떻게 할 수 없지만, 마음은 어떻게든 바꿀 수 있다.** 그러므로 온 힘을 다해 미음을 바꾸자는 것이 알랭이 말하고자 한 바다. 그는 결코 쉬운 말만 늘어놓지 않았고 별생각 없이 낙관주의를 가장하지도 않았다. 마음만큼은 바꿀 수 있다고 진심으로 믿었다. 마음을 바꾸면 병에 걸리지 않거나 병을 악화시키지 않을 수 있다고 생각한 것이다.

나도 반백 년 넘게 살아오면서 몇 차례 병을 앓은 적이 있다. 희한한 병에 걸리거나 수술을 받은 적도 있다. 특히 최근에는 강한 어지럼증에 시달리기도 했다. 바쁜 생활이 계속된 탓도 있지만, 병원에서는 그보다 스트레스가 원인이라고 했다. 이를 듣고 나니 알랭이 무엇을 이야기하려 했는지 잘 알 수 있었다.

그래서 속는 셈 치고 알랭의 의학을 실천해 보았다. 기분을 좋게 유지하고 체조와 음악 요법을 실천한 결과 스트레스가 줄어든 듯했다. 그랬더니 기분 탓인지 증상이 꽤 호전되었다. 알랭의 건강법을 의식하며 지냈더니 생활 속 나쁜 습관이 개선되어 결과적으로 몸이 나아졌다.

아쉽게도 나이가 들며 우리의 몸은 질병에 취약해진다. 이는 물리적 현상이므로 저항할 수가 없다. 그러나 **우리의 마음과 기분에만큼은 언제까지라도 저항할 수 있다.** 그러므로 우리는 나이에 비례해서 기쁨을 늘려야 한다.

그런 의미에서 알랭의 《행복론》은 질병에 관한 내용 외에도 무척 즐겁고 유익한 수필로 채워져 있으므로 이 책을 읽는 것 또한 기쁨을 늘리는 일이 된다고 말할 수 있다.

무엇을 먹고
마셔야 하는가

―――――――――◇―――――――――

에피쿠로스의 쾌락주의

먹는 즐거움이야말로

선의 시작이다

여러 나라에서 인사말로 밥을 먹었는지를 묻는다. 또 '먹고산다'라는 표현을 보면 알 수 있듯 먹는다는 말은 살아간다는 말과 동격으로 사용된다. 그만큼 먹는 것은 중요하다. 그리고 먹는 것은 중요하기만 할 뿐 아니라 인생에 기쁨을 더해 주기도 한다. 사는 즐거움 중 하나는 틀림없이 먹는 데에 있다. 몇 살이 되어도 먹는 것은 즐거운 일이다.

그런데 나이가 들면 식생활에도 큰 변화가 생긴다. 구체적으로는 식사량이 줄거나 식욕이 감소하거나 미각이 둔해져 진한 맛을 선호하게 되는 변화인데, 이를 실감하는 사람도 많을 것이다. 쾌락주의를 주장한 고대 그리스의 철학자 에피쿠로스BC 341~BC 270는 먹는 즐거움이야말로 선의 시작이라고 말하며 식사에 관한 다양한 어록을 남겼다.

에피쿠로스는 먹는 것의 의미를 단적으로 이렇게 표현했다.

> 모든 선의 시작이자 근원은 위장의 쾌락이다. 지적 선과 취미의 선도 이것으로 귀결된다.
>
> – 《에피쿠로스 쾌락》

즉 인간이 느끼는 모든 기쁨의 근원에는 먹는 쾌락이 자리하고 있다는 이야기이다. 머리를 쓸 때 느끼는 즐거움이나 취미로 느끼는 즐거움의 근원에조차 말이다. 생명체는 모두 먹어야 생존할 수 있는데, 특히 인간은 먹는 행위를 즐기는 생물이다. 에피쿠로스가 말했듯 그것은 지적인 측면이나 취미의 측면에도 관계하고 있다.

사실 음식을 먹는 즐거움 또한 갖고 있는 지식에 따라 그 폭이 넓어진다. 관련된 지식을 알고 먹는 것과 그렇지 않은 것에는 느낄 수 있는 즐거움의 양이 다르다. 그런 이유에서 미식가라는 단어도 있다. 예를 들어 같은 소고기를 먹더라도 특수 부위인 것을 알고 먹을 때 감동이 배가된다. 인간은 어쩌면 머리로 음식을 먹는 측면이 있는지도 모른다. 또 음식을 먹는 행위는 단순히 공복만을 채우고자 함이 아니라, 맛집을 찾아다니거나 재미로 요리를 할 때처럼 행위 자체가 취미가 될 수도 있다.

음식을 함께 먹는 일은 의사소통의 수단이 되기도 한다. 사람들을 가깝게 하는 데 식사 자리는 항상 도움이 되어 왔다. 학교에서 급식을 같이 먹으며 친구가 되고, 비즈니스 자리에서 회식을 통해 서로 마음을 터놓고, 외교 수단인 만찬을 통해 국가 간 친교를 다지는 등 매우 다양한 장면에서 식사는 커다란 역할을 한다.

이처럼 인간 생활에서 먹는 일이란 빼놓을 수 없는 요소이다. 그러므로 위장의 쾌락을 잃으면 모든 일이 악화하기 쉽다. 그 예로 병에 걸려 마음껏 먹지 못할 때를 들 수 있다. 그런 의미에서 식사는 행복의 바로미터라는 말도 지나친 표현이 아니다.

평소 우리는 스스로 선호하는 맛있는 음식을 먹으려 하고, 영양은 부차적인 것으로 생각한다. 특히 건강할 때는 더욱 그렇다. 그러나 나이가 들면 그런 식생활을 몸이 따라갈 수 없게 된다. 먹고 나면 소화하는 과정이 필요하고 소화에는 체력이 필요하기 때문이다. 또한 병에 걸리거나 건강을 잃으면 자유롭게 먹을 수 있는 것이 얼마나 고마운 일인지 느끼게 된다.

인생을 60년쯤 살다 보면 누구나 한 번씩 어떤 병이든 앓게 되면서 올바른 식사에 관심이 생긴다. 사실 에피쿠로스도 말년에는 병으로 고생했다고 한다. 그래서 더욱 식사와 건강에 민감했는지도 모른다.

음식을 원하는 것은 당신의 몸인가,
아니면 머리인가?

원래 우리 몸은 우리가 먹은 음식으로 이루어진다. 그러니 건강에 좋지 않은 음식을 먹으면 당연히 몸에 해가 된다. 또 아무리 좋은 음식을 먹는다 해도 과식은 몸을 망가뜨리는 원인이 된다. 그럼에도 더 먹게 되는 이유는 무엇일까?

에피쿠로스는 이렇게 말했다.

> 많은 사람이 말하듯 위장이 만족할 줄을 모르는 것이 아니라, 위장을 채우려면 끝없이 많은 양이 필요하다는 잘못된 억측 때문에 만족하지 못하는 것이다.
>
> ─《에피쿠로스 쾌락》

인간은 많이 먹을 수 있으면 그만큼 행복할 것이라고 여긴다. 그러나 실제 우리 몸이 그 많은 음식을 원하는 것이 아니라 머리가 원한다는 것이 에피쿠로스의 견해다. 누구든 그러한 경험을 해본 일이 있을 것이다. 젊었을 때는 더욱 그렇다. 아무래도 나이가 들면 그런 생각도 줄어들지만 그럼에도 더 먹고 싶다고 생각하는 일은 있기 마련이다.

인간의 욕망이란 참으로 성가시다. 자기 그릇의 용량과 상관없이 끝없이 원한다. 그러나 조금만 생각하면 인간의 신체가 유한하다는 사실을 알 수 있다. 그럼에도 무한한 욕망에 따라 행동한다면 우리 몸은 버티다 못해 망가질 것이 불 보듯 뻔하다. 따라서 그럴 때는 과식의 결과가 괴로움이라는 점을 떠올리면 좋을 것이다. 식사는 쾌락이 아니라 건강을 위한 것이기 때문이다.

일반적으로 에피쿠로스 사상은 쾌락주의로 알려져 있다. 그러나 쾌락주의는 쾌락을 좇는 것을 선으로 보는 사상이 아니다. **쾌락을 채움으로써 평정심을 실현하는 것**이 목적이다. 평정심은 '아타락시아'라고 하는데, 혼란을 의미하는 '타라케'에 부정의 접두사 '아'를 붙인 것이 어원이다.

쾌락의 본질은 결코 흥분이 아니다. 흥분이란 차분하지 못한 상태를 의미하므로 기쁨이 아니라 불안과 연관되었다고 볼 수 있다. 사실 흥분으로서의 쾌락을 원하는 사람은 자기 안에 무언가가 결핍되어 있다는 초조함이 있는 것이다.

과연 그것을 행복한 상태라고 말할 수 있을까? 반대로 마음이 차분한 사람은 필요한 것을 필요한 만큼 갖고 있으므로 행복한 상태이다. 필요 이상의 것을 원하는 순간 행복은 넘쳐서 흘러내린다. 이것이 바로 쾌락의 본질이다. 그러므로 위장의 쾌락은 도를 지나치지 않는 선에서 즐겨야 선의 근원이 될 수 있다.

에피쿠로스는 어떻게 빵과 물만으로
만족할 수 있었을까?

이를 깨달으면 호화로운 식사에서 쾌락을 느끼지 않게 된다. 에피쿠로스가 빵과 물만으로도 만족했다는 이야기는 유명하다. 그는 그 이유를 분명히 밝혔다.

물과 빵만으로 생활할 때 나는 몸 안의 쾌락으로 충만하다. 그리고 나는 호화로운 것으로 인한 쾌락에는 침을 뱉

는다. 쾌락 그 자체 때문이 아니라, 그와 더불어 꺼림칙함
이 수반되기 때문이다.

－《에피쿠로스 쾌락》

그에 따르면 호화로운 식사는 꺼림칙함을 초래한다. 과
식하면 건강에 좋지 않은 것은 물론이고 자꾸 더 좋은 음
식을 계속해서 원하게 된다. '입이 고급이다'라는 말처럼,
좋은 음식만 먹다 보면 보통 음식으로는 만족을 느끼지 못
할 수 있다. 또 호화로운 식사는 과소비로 이어져 자신을
괴롭히는 원인으로 작용하기도 한다. 가끔은 자신을 위한
선물로 호화로운 식사를 하는 것도 좋겠지만 예외로 두는
편이 바람직하다. 물론 물과 빵은 너무 극단적일 수 있겠으
나, 생존에 필요한 영양을 충분히 섭취할 수 있다면 소박
한 식사가 반드시 나쁘다고 할 수는 없다.

에피쿠로스는 아름다운 삶을 산 노인이야말로 축복받
은 사람으로 생각해야 한다고 말했다. 아름다운 삶이 무엇
인지 자세히 쓰여 있지는 않다. 그러나 운명에 끌려다니는
청년의 삶과 비교한 것을 보면 자기통제 아래 건강을 유지

하며 사는 삶이 아름다운 삶에 포함된 것임은 분명하다. 소박한 식사에 만족한다는 말은 바로 그 전형일 것이다. 인간은 그것만으로도 행복하게 살아갈 수 있는 존재이다.

에피쿠로스는 고대 그리스의 폴리스가 붕괴하고 행복이 무엇인지 모색하던 혼란의 헬레니즘 시대를 살았다. 우리가 살아가는 오늘날도 마찬가지로 혼란의 시대이며, 무엇이 행복인지는 아무도 모르는 상태이다. 그러므로 과거 에피쿠로스가 내놓은 위장의 쾌락이라는 답은 우리에게도 커다란 힌트가 되어주지 않을까?

"

마음이 차분한 사람은 필요한 것을
필요한 만큼 갖고 있으므로 행복한 상태이다.
필요 이상의 것을 원하는 순간
행복은 넘쳐서 흘러내린다.
이것이 바로 쾌락의 본질이다.

"

왜 우리는 무리하게
몸을 움직이는가

메를로 퐁티의 신체론

몸속의 장기도
사고할 수 있다?

몸만큼 오해받고 있는 존재가 있을까. 너무나 중요한 존재
인데 어떤 이유에선지 경시되고 있다. 자기 몸을 소중히 여
기고 있느냐는 질문에 자신 있게 그렇다고 대답할 수 있는
사람은 몇이나 있을까? 이렇게 말하는 나도 내 몸을 가볍
게 생각했다. 그리고 몇 차례 그 대가를 치르기도 했다.

　몸이 아닌 무엇을 중시해 왔는지 떠올려 보면, 바로 머

리다. 물론 머리도 몸의 한 부분이지만, 왠지 둘은 다른 것으로 여겨지고는 한다. 여기에 오해의 큰 원인이 있다. 한 번 생각해 보자. 왜 머리에만 헬멧을 쓸까? 왜 뇌 기능이 정지하면 다른 장기는 움직이고 있는데도 사망한 것으로 보는 걸까?

그것은 일반적으로 뇌가 인간의 의식을 낳는 곳이며 그 의식이 몸을 관장한다고 여기기 때문이다. 이것은 철학의 역사 속에서도 쭉 이어져 온 생각이다. 근세 프랑스의 철학자 데카르트의 그 유명한 어구가 이를 보여 준다. "나는 생각한다, 고로 존재한다." 이 말은 의식의 존재만큼은 의심할 수 없으며 의식이 곧 인간의 핵심이라는 뜻이다. 그에 비해 신체는 기계나 사물처럼 그다지 중요하지 않다고 봤다.

그 오해를 뒤집은 이가 프랑스의 철학자 메를로 퐁티1908~1961이다. 메를로 퐁티는 자신과 신체를 분리하여 생각했고, 마음과 신체라는 두 종류의 자신이 존재한다고 주장했다. 그 덕분에 20세기가 되어서야 드디어 신체에 대한 오해를 풀게 되었다. 그는 본격적으로 신체를 철학의 주제로 다룬 첫 인물로 알려져 있다. 그 시도는 신체를 자신과 분리하여 생각하는 것부터 시작되었다.

> 나는 세상을 향한 나의 관점이 되는 내 신체를 이 세상에
> 속한 대상의 하나로서 고찰한다.
>
> — 《지각의 현상학》

메를로 퐁티는 **신체를 세상에 속한 대상의 하나로서 객관적으로 다루었다.** 그러자 몸에는 경이로운 요소가 많다는 사실을 발견했다. 몸이 저절로 움직이는 것과 스스로 생각하는 점 등을 그 예로 들 수 있다. 참고로 현대의학에서는 메를로 퐁티의 말이 증명되고 있다. 뇌뿐 아니라 몸속 장기도 사고를 한다는 것이다.

몸을 자기 것이라고 여기면 처음부터 그것에 관심을 두지 않게 되므로 이렇게 놀라운 사실을 깨닫지 못한다. 그 결과 몸이 비명을 지를 때까지 전혀 알아채지 못하다가 큰 병에 걸리고 만다.

신체 질환이 다가 아니다. 몸이 지치거나 병들면 마음에도 영향이 간다. 몸의 존재를 의식하지 않으면 그런 사실

조차 모른 채 이유 없이 마음이 답답해지고, 심각한 경우 우울증까지 걸리게 된다.

그러므로 몸을 자신과 분리해서 살펴보면 몸이 생각보다 여러 역할을 하고 있음을 깨달을 수 있다. 만약 자기 몸을 24시간 동영상으로 찍어 본다면 팔면육비八面六臂, 즉 혼자서 다양한 일을 능숙하게 처리하고 있음을 알 수 있다. 물론 인간의 얼굴은 여덟 개가 아니라 하나이며 팔도 여섯 개가 아니라 두 개이지만, 그렇게 보일 정도로 활약하고 있다는 뜻이다.

신체를 통하지 않으면
세상과 교류할 수 없다

건강검진 결과는 신체의 활약 그 자체를 보여 주지는 않지만, 평소 몸이 얼마나 애쓰고 있는지는 알 수 있는 지표이다. 형편없는 결과를 보며 '내가 몸을 이렇게나 혹사하고 있었구나' 하고 반성하는 사람도 많을 것이다. 잘못한 것은 몸이 아니라 자신인데도 마치 몸에 문제가 있는 것처럼 말하기가 쉽다.

　몸은 부지런한 일꾼이다. 따로 명령을 내리지 않아도 스스로 움직이기까지 한다. 그래서 무심코 몸을 혹사하고는 한다. 자신이 명령해서 움직일 때는 물론이거니와 그렇지 않은 때까지 알아서 활약하고 있기 때문이다. 아무 생각을 하지 않아도 내장은 저절로 움직인다. 팔다리도 마찬가지이다. 평소 길을 걸을 때나 멍하니 있을 때, 일일이 팔이나 다리를 이렇게 혹은 저렇게 움직여야겠다고 의식하지는 않을 것이다. 그래서 메를로 퐁티는 이렇게 이야기했다.

> 신체는 '세계로 향하는 존재'의 매개이다. 생물이 몸을 가지고 있다는 것은 정해진 환경에 더불어 약간의 기투企投•와 일체가 되어, 끊임없이 이것에 자기를 구속하는 것이다.
>
> －《지각의 현상학》

• 현재를 초월하여 미래에로 자기를 내던지는 실존의 존재 방식. 하이데거나 사르트르가 말한 실존주의의 기본 개념이다.

몸은 자신과 세상을 연결하는 매개체로, 우리는 몸을 통해 세상에 연결되어 있으며 세상에 존재한다는 뜻이다. 극단적으로 말하자면 **자신과 몸 그리고 세상, 이 셋은 각각 독립되어 있으며 우리 자신은 몸을 통해서만 세상을 알 수 있고 세상에서 활약할 수 있다**는 이야기이다.

반대로 말하면 몸은 우리로부터 독립해서 활동하고 있으며 우리와는 다른 감각을 가질 수도 있다. 그러한 예로 메를로 퐁티가 소개한 환상지幻像肢를 들 수 있다. 환상지란 질병이나 상처 등의 원인으로 이미 절단된 팔다리를 여전히 있는 것처럼 느끼는 현상이다. 이는 자신이 그렇게 생각해서가 아니라 몸이 스스로 사라진 부분을 움직이려 하는 데서 나타나는 현상이다.

나이가 들면 몸이 뜻대로 움직여지지 않는데 이전처럼 움직이려다가 걸려 넘어지는 일이 발생하기도 한다. 이 역시 몸이 옛일을 기억하고 있기 때문인지도 모른다. 머리로는 늙었다는 사실을 아는 것 같아도 자기의 몸은 아직 알지 못한다.

우리 안에 동거하고 있는
천사와 악마

그렇게 생각하면 상처를 입거나 질병에 걸리지 않기 위해
서는 몸을 충분히 의식하고 살필 필요가 있다. 말하자면
우리는 두 명으로 이루어졌으며, 곧 '마음으로서의 나'와
'몸으로서의 나'이다. 메를로 퐁티는 이것을 양의성이라고
불렀다.

> 자기 신체의 경험은 이에 반해 양의적 실존 방식을 우리에
> 게 보여 준다.
>
> ─《지각의 현상학》

양의적 실존 방식. 어려운 말이지만 '두 가지 존재'로 바
꿔 말하면 이해하기 쉽다. 생각과 행동이 전혀 다른 두 존
재가 나를 구성한다는 뜻이다. 마치 이중인격 같지만 그것
과는 다르다. 인격은 분명 하나다.

오히려 천사와 악마가 동거하는 듯한 이미지에 가깝다.

물론 마음이 악마이고 몸이 천사이다. 악마가 아직 할 수 있지 않느냐고 속삭일 때, 천사는 이제 그만해야 한다고 어른다. 그러므로 내심 아직 할 수 있다고 생각되더라도 몸이 하는 말을 제대로 들어볼 필요가 있다. 그러한 대화를 자기 안에서 할 수 있느냐 아니냐가 중요하다.

그러기 위해서는 충분히 생각한 뒤 행동해야 한다. 몸과 대화를 해야 한다니, 농담처럼 들릴 수 있겠지만 사실 꼭 필요한 과정이다. 몸이 말을 듣지 않는다거나 몸을 채찍질해야 한다는 식으로 말하는 사람이 있는데, 이는 오만한 태도라고밖에 볼 수 없다. 몸과 제대로 대화한다면 마음대로 움직이다가 몸을 상하게 하는 일은 벌어지지 않을 것이다.

몸과 충분히 대화할 수 있는 사람은 몸을 혹사하거나 무리하게 몸을 움직이지 않는다. 그러니 상처를 입거나 병에 걸리는 일도 줄어든다. 나이가 들수록 몸이 하는 소리에 귀를 잘 기울여야 한다.

그리고 대화만 할 것이 아니라 몸을 잘 보살펴야 한다. 충분한 휴식은 물론이고 상냥한 말을 건네는 것도 포함된다. '너 정말 애쓰고 있구나, 고마워'라고. 다른 한 명의 자신인 몸에게 그 마음은 분명 전해질 것이다.

평온한 마음을
유지하는 방법

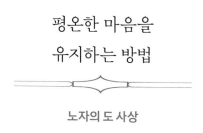

노자의 도 사상

거스르지 말고
물처럼 흐르는 대로

우리는 나이 들면서 누구나 크든 작든 불안, 분노, 스트레스, 고독, 무기력 등의 감정을 느낀다. 이러한 감정들이 심해지면 정신적인 면에서도 지장이 생기기 마련이다. 그렇다면 우리는 부정적인 감정을 어떻게 다루어야 할까? 고대 중국의 사상가인 노자는 무위자연을 이상적인 것으로 여겼으며, 흐름을 거스르지 않고 자연 섭리에 따르는 삶의 방식을 권장했다.

사람은 왜 마음의 병을 앓게 될까? 가장 큰 원인으로 무리하는 것을 들 수 있다. 신체나 사물이나 원래의 능력치를 넘어서 혹사하면 망가지기 십상이다. 마음을 예로 들자면, 사실은 하고 싶지 않은 일을 억지로 하는 것이 가장 바람직하지 않다. 본래의 자연스러운 상태를 중요시해야한다는 것이 노자 사상의 근간이라고 할 수 있다. 그래서노자는 이렇게 말했다.

가장 큰 선은 물과 같다. 물은 선하고 만물을 이롭게 하면서도 다투지 않으며 모든 이가 꺼리는 곳에 머무르므로 도에 가깝다.

─《도덕경》

사물의 가장 바람직한 존재 방법은 물과 같다는 뜻이다. 물은 어느 곳에나 은혜를 베풀며 다투지 않고, 누구나가기 꺼리는 낮은 곳으로 흘러간다. 그러므로 도에 가깝다.

'도道'란 중국어 발음으로 '타오'에 가까워, 도가 사상은

'타오이즘taoism'이라고도 불린다. 도는 노자가 주장한 우주의 원리로, 그에 따르면 우리는 모두 이 우주 원리에 따라 존재한다. 이렇게 이야기하면 왠지 기이하게 느껴질 수 있겠지만 나는 이것을 자연법칙과 같은 것으로 받아들였다. 그러면 물처럼 흘러가는 삶의 방식이 도에 가깝다는 말도 이해할 수 있을 것이다.

생각해 보면 우리가 마음의 병을 앓게 되는 이유는 사람이나 사물 그리고 세상에 거스르려 하기 때문이다. 전형적인 예로 서로의 의견이 다를 때를 들 수 있다. 건강한 논의는 괜찮지만 쓸데없는 말다툼은 그저 정신을 소모할 뿐이다. 눈앞을 가로막는 돌이 있다면 물과 같이 지나가면 될 뿐 억지로 저항할 필요는 없다.

나이가 들면 완고해지는 데다 주변에 어떤 일이 생기기라도 하면 자기 경험에서 나온 의견을 이것저것 전하고 싶어진다. 그러나 일부러라도 신경 쓰지 않고 사는 것이 피곤하지 않게 사는 비결이다. 젊은 사람과 사고방식이 다르더라도 실제 손해를 입는 게 아니라면 자신은 물이라고 생각하고 흘려보내는 것이 좋다.

가득 채우려

하지 않는다

그런데 가장 거스르지 않아야 할 것은 자기 자신이다. 이 사실을 깨닫지 못하는 경우가 많은데, 의외로 인생에서 가장 만만치 않은 상대는 바로 자기 자신이다. 사람은 자기 자신을 거스르고 있음을 쉽게 알아채지 못한다. 그러다 자기도 모르는 사이에 마음이 병들게 된다. 특히 우리 스스로를 괴롭게 만드는 세 가지로는 질투, 완벽주의, 후회가 있다. 인간은 만능이 아님에도 이러한 욕망들은 우리가 스스로를 괴롭게 한다는 사실을 잊게 만든다.

노자의 말처럼 도, 즉 자연법칙을 체득하면 그와 같은 일은 하지 않을 것이다. 그는 이렇게 말했다.

이러한 도를 지키는 자는 가득 채우려 하지 않는다. 가득 채우려 하지 않으니 깨진 뒤에도 새로 이룰 수 있다.

— 《도덕경》

도를 체득한 사람은 가득 채우려 하지 않는다. 본디 가득 채우려 하지 않았으니 망가진 뒤라도 다시 이룰 수 있다. 노자가 말하려 한 것은 이러한 의미이다. 다시 말해, 욕망을 채우려 하지 않아야 한다는 것이다. 왜냐하면 그것은 불가능하기 때문이다.

나보다 잘 나가는 사람과 같은 위치에 도달하고 싶다는 생각은 질투이다. 그러나 그렇게 생각한다고 해서 쉽게 그렇게 되지는 않는다. 쉽게 도달할 수 있는 정도였다면 애초에 질투도 하지 않았을 것이다. 그리고 위에는 또 그 위가 있고 욕망은 무한하므로, 질투하기 시작하면 끝이 없다.

완벽주의는 더욱 우리를 괴롭힌다. 인간이라는 불완전한 존재는 완벽해질 수가 없기 때문이다. 항상 백 점 만점을 목표로 하는 것만큼 괴로운 일은 없다. 그것은 너무나 이루기 힘든 일이기 때문이다.

그리고 후회 역시 이루어질 수 없는 일을 원하는 것이다. 이미 지나간 일은 되돌릴 수 없다. 살아갈수록 후회할 일은 늘어가기 마련인데 그것을 일일이 떠올리며 애석해하는 것은 매일 마음에 상처를 입히는 일과 같다.

이런 태도를 바로잡으면 마음이 병드는 일은 없을 것이다. 아니, 인간인 이상 실패는 따라오는 것이므로 때로는 무리하게 되고 마음이 다치는 일도 있을 수 있다. 그러나 가득 채우려 하지만 않는다면 적어도 마음은 분명 회복할 수 있을 것이다. 망가지더라도 다시 이룰 수 있다고 한 노자의 말처럼 다행히 마음은 회복의 기능을 겸비하고 있기 때문이다.

몸을 보살피면
마음도 낫는 이유

이때 약으로 마음을 치유하려는 사람도 있다. 그 또한 마지막 수단으로 필요하겠지만 노자가 권하는 방법은 조금 다르다. 바로 몸을 보살피는 것이다. 어쨌든 몸과 마음은 이어져 있으므로 몸을 소중히 하면 마음도 치유된다. 조금 어려운 표현이지만 노자는 이렇게 말했다.

몸과 마음을 잘 다스려 분리되지 않을 수 있는가.

— 《도덕경》

이는 몸과 마음을 단단히 일치시켜 나누어지지 않게 할 수 있느냐는 말이다. 몸과 마음은 자동차의 양 바퀴 같은 것이어서 양쪽이 딱 맞게 돌아가지 않으면 사람은 앞으로 나아갈 수 없다. 반대로 몸과 마음은 하나로 이루어져 있으므로 한쪽이 약해지면 다른 한쪽을 보살펴서 전체를 회복시킬 수 있다. 휴식은 몸이 취하는 것이지만 마음에도 최고의 치료제가 된다.

인간은 서서히 나이 들어가기에 자신이 쇠약해지는 것을 알아채지 못한다. 중병을 앓거나 상처를 입고서 그제야 알게 되는 것이다. 혹은 다른 사람에게 객관적인 지적을 듣고서 처음으로 깨닫는다. 그러나 그때는 이미 늦었다. 그렇게 되지 않도록 휴식 시간을 점차 늘리고 그 질도 높여야 한다. 아직은 괜찮다고, 청년에 질 수 없다고 생각하는 기개도 좋다. 하지만 그 기개가 마음에 문제를 일으키는 원흉이 될 수 있다.

나이가 들면 몸은 뜻대로 움직이지 않는다. 이는 어찌할 수 없는 일이다. 그것이 자연의 섭리이기 때문이다. 그렇다면 그 자연법칙을 거스르지 않아야 한다. 그러나 뜻대로 움직일 수 없음을 실감할 때마다 사람은 저항하려고 발버둥 치며 애를 쓴다.

애쓰는 이유 중 하나로 나이 듦을 받아들이기 힘든 것도 있을 것이다. 그보다 더 깊은 근원에 있는 것은 죽음에의 저항일 수도 있다. 이대로 점점 움직이지 못하다 보면 마지막에는 죽게 되는 것이 아닐까, 무의식 속 그런 두려움이 일어서 억지로나마 움직이려 하는 것인지도 모른다.

그러나 노자의 말에 따르면 **움직이지 않는 것은 오히려 좋은 일**이라고 한다. 이른바 '무위자연無爲自然'이라는 사자성어로 알려진 노자 사상의 본질이다. 우리는 무심코 움직이려 하고 무언가를 하려 애쓰는데, 사실 움직이지 않는 것은 물론이거니와 아무것도 하지 않는 것이 가장 좋다고 노자는 말했다. 그로 인해 모든 일이 이루어지기 때문이다. 언뜻 모순된 말로 들리겠지만 그렇지 않다. 아무것도 하지 않아도 일은 돌아간다. **자연이 요구하는 일만 하면**

된다.

노자의 말은 아예 움직이지 말라는 이야기가 아니다. 쓸데없이 또는 억지로 움직이지 말라는 뜻이다. 오히려 하고 싶은데 하지 않는 것은 좋지 않다. 산책하고 싶으면 걷고, 먹고 싶은 음식이 있으면 먹는 것이 자연의 움직임이며 이것이 곧 무위자연이라고 볼 수 있다. 매일 이를 의식하며 행동하면 마음이 병드는 일도 없을 것이다.

나이가 들면 어느 정도 몸에 병이 생기는 것은 피할 수 없는 일이다. 어딘가 덜거덕거리는 곳도 생기는데 그 또한 자연스러운 일이다. 그러나 마음마저 병들 필요는 없다. 나이와 상관없이 마음은 언제나 건강할 수 있기 때문이다. 그러기 위해서는 마음가짐이 중요하다. 그럴 때 중국에 오랫동안 전해져 내려온 노자 사상은 건강 지침서 역할을 해줄 것이 틀림없다. 그러니 오늘도 마음이 원하는 편안한 하루를 보내기를.

"

도를 체득한 사람은

가득 채우려 하지 않는다.

본디 가득 채우려 하지 않았으니

망가진 뒤라도 다시 이룰 수 있다.

"

질병의 고통이 끝내
우리를 유익하게 한다

니체의 질병론

상상을 통해 느끼는

편안한 기분

당연한 말이지만 질병은 고통을 동반하므로 병에 걸렸다
며 좋아할 사람은 없을 것이다. 그러나 완벽하게 병을 피
하기란 어렵고, 나이가 들수록 병에 걸릴 가능성도 급격히
높아진다. 그렇다면 다른 관점으로 병을 바라볼 수는 없을
까?

이때 독일의 철학자 프리드리히 니체1844~1900의 질병론

이 도움이 될 수 있다. 니체는 무려 질병에조차 긍정적인 측면이 있다고 주장했다. 언뜻 어이없는 소리로 들릴 수 있지만, 병에 걸린 괴로움을 극복할 한 가시 방법이 될 수도 있다.

니체는 따로 질병론을 다룬 책이나 논문을 쓰지는 않았지만 종종 질병에 관해 언급했다. 그 자신이 중병에 걸려서, 병과 공존했기 때문이다. 그는 원래 편두통과 위통에 시달렸는데 그 증상이 더욱 악화하여 결국 대학에서 교수로 일하지 못할 지경에 이르렀다.

그로 인해 30대 중반에 요양 생활을 하게 되었고, 그렇게 병마와 싸우며 집필 활동을 이어갔다. 질병에 대한 니체의 격언이 복합적인 것은 그 탓도 있을 것이다. 당연히 병에 걸린 것을 원망했겠지만, 원망만 해서는 마음을 가다듬을 수 없었기 때문으로 보인다. 예를 들면 그는 이런 말을 하기도 했다.

그러므로 환자에게는 그것이 있으면 고통이 완화될 것이라고 여길만한 특정한 종류의 즐거움을 권하는 것이 좋다. 그것은 친구나 적에게 보일 수 있는 친절함과 다정함에 관해 성찰하는 일이다.

— 《인간적인 너무나 인간적인》

니체는 '환자의 즐거움'이라고 하는 역설적 표현을 사용하며 오히려 병에 걸렸기에 상상을 통해 편안한 기분을 느낄 수 있다고 주장했다.

여기서 니체가 예로 든 것은 친구나 적에게 보일 수 있는 친절함과 다정함이다. 병에 걸렸기 때문에 친구 생각을 하거나 적 또는 경쟁 상대까지 오히려 긍정적으로 생각할 수 있고, 그러는 동안 고통도 잠시 잊을 수 있다는 이야기이다.

병으로 앓아누웠을 때 우리가 할 수 있는 것은 상상뿐이다. 아니, 병으로 인해 할 수 있는 일들이 제한되었기 때문에 상상과 공상과 망상에 시간을 쓸 수 있다. 그런 제약이 있으므로 상상력을 갈고닦을 수 있는지도 모른다. 그래서 '환자의 즐거움'이 된다. 평소에는 누리지 못하는 특권이라고 할 수도 있다. 또한 그 상상이 다채로울수록, 잠깐이라도 병으로 인한 고통을 잊을 수 있다.

일반적으로 환자는 병에서 오는 신경질과 분노를 다른 쪽으로 풀어서 후련함을 느끼려 한다. 화가 날 때 괜히 옆에 있는 물건을 치는 행동을 예로 들 수 있다. 그러나 문제는 무언가를 쳐서 후련해지더라도 그 물건이 망가지거나, 물건을 친 행위에 죄책감을 느끼는 등의 또 다른 괴로움에 시달리게 된다는 것이다. 니체는 그것을 '다른 악마에 들렸다'라고 표현했다. 그렇다면 이 원리를 활용하여 좋은 쪽으로 시선을 돌리면 어떨까? 그렇게 하면 병으로 인한 신경질과 분노를 좋은 것으로 전환할 수 있다.

진짜 문제는
병적인 일상이다

병은 꼭 부정적이기만 한 것이 아니다. 병에 걸려도 즐길 수 있는 일은 많다. 니체는 이에 그치지 않고 질병에는 가치가 있다고까지 이야기했다. 그 제목도 '질병의 가치'라고 하는 격언이다. 다소 길지만 생략할 부분이 없으므로 그대로 소개한다.

> 병으로 누워있는 사람은 때에 따라, 그가 평소 자기 직무와 일 또는 사교라는 병에 걸려 있으며 그로 인해 자신에 관한 생각을 완전히 잃어버리고 있었음을 알아차린다. 질병이 그에게 강제한 한가로움에서 그는 이러한 지혜를 얻게 된다.
>
> — 《인간적인 너무나 인간적인》

이 역시 매우 날카로운 격언이다. 병으로 앓아누워서야 비로소 평소 자신은 일상이라는 병에 걸려 있어, 스스로 살피지 못하고 있었다는 사실을 알아차린다는 말이다. 이것이 바로 질병의 가치이다. 그러고 보니 사람은 매일 아등바등 일하다가 때로는 그 탓에 병에 걸리고, 그제야 자신의 일상을 돌아보는 면이 있는 듯하다.

나 역시 비슷한 경험을 한 적이 있다. 정신없이 일에 매진하던 어느 날 아파서 쓰러졌다. 그리고 깨달은 것은 걸린

병의 심각함이 아니라, 병적인 일상의 심각함이었다. 그리고 일상을 바꾸니 몸도 낫게 되었다.

생활 습관과 일하는 방식을 손보기만 해도 건강은 개선된다. 자주 듣는 말이지만 병은 몸과 마음이 보내는 SOS 사인이다. 그리고 그것은 아이러니하게도 병에 걸리기 전까지는 알 수가 없다. 그런 존재가 바로 인간이다. 나이가 들면 병에 더 민감하게 반응하지만, 질병에도 종류와 정도가 있고 그때마다 병의 원인도 다르므로 매번 반성하게 된다.

정신의
마지막 해방자

이처럼 니체는 우리가 병에 걸리는 데에는 의미가 있다는 점을 지적했다. 그런데 그의 말에 따르면 병에는 더 적극적인 의미가 있다. 그것은 바로 **정신의 해방**이다. 니체는 오랜 시간 자신을 괴롭혀 온 병에 감사한다고까지 말했다.

중병의 시기가 가져다준 수확은 지금까지 활용하지 못할 정도로 많았으며, 그 시기에 대한 감사의 표시 없이 작별하고 싶지 않은 나의 마음은 모두 이해할 수 있을 것이다.

－《즐거운 학문 메시나에서의 전원시》

중병의 시기가 가져다준 수확물은 무엇인가. 니체는 보통 사람은 아니었다. 니체의 말에 따르면 철학자는 영과 육을 분리할 수 없는 존재라고 한다. 즉 육체와 정신은 일체화되어 있으며 생각은 육체에서 생겨난다. 편안할 때는 밝은 주제에 관해 생각하게 될 것이고, 괴로울 때는 그것이 원인으로 작용하여 괴로움을 주제로 한 생각을 하게 된다.

니체는 '생의 철학'의 선구자라고 불릴 정도로 생을 중시한 철학자였다. 따라서 추상적 사고에는 어떤 의미도 없다고 생각하며, 인생 속에서 우리가 경험하는 현실을 중요시했다. 그렇게 현실에 대해 생각할 기회를 가질 수 있었던 것이 바로 중병에 걸린 시기가 가져다준 수확이다.

니체의 철학은 현실주의로 인기를 얻었다. 표현은 다소 어렵더라도 그곳에는 현실이 투영되어 있다. 모두 휴먼 드

라마인 셈이다. 세상에 태어나 나이를 먹고 병에 걸려서 결국 죽음에 이르는, 생로병사라고 하는 드라마이다.

실제로 그는 인간이 병에 걸리지 않고 살 수 있겠느냐는 질문도 던졌다. 물론 답은 '아니요'이다. 인간은 반드시 병에 걸리고 때로는 병이 커다란 고통을 안긴다. 그리고 그 커다란 고통이야말로 정신의 마지막 해방자라고 니체는 갈파했다. 정신을 '진짜'로 만든다는 의미이다. 바꿔 말하면 인생에 정직해진다는 것일 수 있다. 니체의 표현으로는 그런 고통이야말로 '우리를 깊이 있게 만든다.'

큰 병에 걸리면 사람은 정말 중요한 일에만 집중하려고 한다. 그 이유는 무엇일까? 바로 죽음에 직면했기 때문이다. 어떤 병이든 그 앞은 죽음으로 이어져 있다. 감기에 걸리더라도 자칫하면 죽을 수 있다. 아주 작은 계기로 우리는 죽음에 맞닥뜨릴 가능성이 있다. 코로나 유행을 경험한 사람이라면 모두 이 사실을 피부로 느낀 적이 있을 것이다.

그래서 우리는 인생을 되돌아보고 정말 중요한 것이 무엇인지 찾으려 한다. 그것은 필연적으로 우리의 사고와 인간성을 깊이 있게 만드는 결과로 이어진다. 니체가 말하는

'우리를 깊이 있게 만든다'란 그런 의미이지 않을까.

이것은 몇 살이 되어도 같으리라고 생각한다. 나이가 들어 병에 걸리면 죽음을 연상할 일이 더욱 늘어난다. 그러나 그것은 결코 부정적인 것이 아니라 자신을 깊이 있게 만드는 일로 이어진다. 그렇게 생각하면 병에 걸린 사실을 한탄하기보다 긍정적인 태도로 주어진 시간을 농밀하게 살 수 있지 않을까. 병마와 싸우며 55년이라는 길지 않은 인생을 살아낸 위대한 철학자 니체처럼 말이다.

지금부터 차례차례 덮쳐올 병을 앞에 두고 마음의 준비는 되어 있는가? 니체가 가르쳐 준 것은 병을 낫게 하는 법도 아니고 참는 법도 아니다. 그저 병을 최고로 활용하는 방법이다.

3장

인간관계

나이 들어 가족의 도움을
받는다는 것의 의미

와쓰지 데쓰로의 가족 윤리

가장 가까이에서

나를 돕는 사람

나이가 들수록 가족의 도움이 필요해지는 일이 늘어난다. 병원에 입원하고 돌봄이 필요해질 때면 더욱 그렇다. 그럴 때 누구나 가족을 힘들게 만드는 것은 아닌지 걱정하곤 한다. 일본의 철학자 와쓰지 데쓰로1889~1960는 저서《윤리학倫理学》에서 가족의 구조와 관계성에 관하여 이야기하며, 가족 간의 도움이 중요하다고 주장했다.

나이가 들면 가족과의 관계성이 다시금 짙어지는 듯하다. 태어나서는 가족과 함께 살며 그 속에서 성장한 뒤 독립한다. 그리고 결혼하면 이번에는 자신이 가족을 이루게 된다. 아이가 태어나고 그 아이가 둥지를 떠나면 부부 둘이 남게 되거나 혼자가 되기도 한다. 그중에는 자녀 또는 손자와 함께 사는 사람도 있을 것이다.

삶의 방식에는 여러 형태가 있지만 대다수는 **가족 안에서 성장하고 사회에 나가 마지막에는 다시 가족 곁으로 돌아간다.** 대략 그렇다고 볼 수 있다. 그래서 나이가 들면 다시 가족과의 관계가 농밀해진다.

와쓰지 데쓰로는 바로 그런 가족과 인생의 관계를 이야기한다. 그의 저서인 《윤리학》에는 '인륜적 조직'이라는 장이 있는데, 그 두 번째 소제목이 '가족'이다. 인륜이란 인간 사회의 윤리라는 뜻으로, 인륜적 조직은 가족 외에도 친족, 지연 공동체, 경제적 조직, 문화 공동체, 국가 등을 포함한다. 즉 사람이 형성하는 공동체의 총칭으로 볼 수 있으며 그중에서 가족이라는 최소 단위의 공동체를 그는 **'2인 공동체'**라고 부르며 다음과 같이 정의했다.

> '2인 공동체'가 이와 같은 상호 참여로 성립될 때, 이 상호
> 참여는 두 사람의 존재를 침투하여 그것을 하나의 공동
> 존재로 만든다.
>
> — 《윤리학》

2인 공동체란 자기 외에 다른 한 명이 있으면 성립한다. '나와 너'의 관계다. 이것은 그가 상호 참여라고 표현했듯 서로 엮이는 것을 전제로 한다. 몸뿐 아니라 마음도 그렇다. 반대로 말하면 언젠가 한 사람의 죽음으로 그 관계는 끝을 맞이한다.

그 전형적인 예가 부부다. 분명 부부는 상호 참여를 통해 일체화되어 간다. 처음에는 서로 다른 개인이지만 결혼 후 서로 사적인 일들을 공유하며 특별한 관계가 된다. 나이 든 부부는 마치 전우와 같다고도 말한다. 결혼 생활, 특히 육아에는 여러 어려움이 따르기 때문에 서로 돕고 격려하며 공동 프로젝트를 완수한 전우가 된 것인지도 모른다.

자녀가 둥지를 떠나 노후에 부부 둘만 남으면 이번에는 서로 돕는 관계가 된다. 혼자서 할 수 없는 일들이 늘어나

고 병에 걸리기도 한다. 그때 가장 가까운 곳에서 도와주는 사람이 배우자이다. 게다가 현대에는 노노개호*, 즉 고령자의 부부간 돌봄도 증가하고 있다. 운명 공동체란 말이 과언이 아니다. 그래서인지 개중에는 부부 중 한 사람이 죽고 나면 남은 사람이 그 뒤를 쫓듯 죽는 경우가 있다. 이는 둘만 이해할 수 있는 세계일 것이다.

아이가 부부 사이를
중개한다

그러나 그런 관계까지 이르려면 사실 제삼자의 개입이 있었다고 볼 수 있다. 보통은 아이의 존재이다. 예로부터 아이는 부부 사이의 끈이라는 말이 있는데, 아이를 통해 부부의 연이 결속된다는 뜻이다. 독일의 철학자 헤겔은 부부와 아이로 이루어지는 근대적 가족관을 최초로 제시한 사

* 老老介護, 노인이 노인을 보살피는 것을 뜻하는 일본어

람인데, 와쓰지도 그 논리를 계승했다.

실제 와쓰지가 사용한 인륜이라는 단어는 원래 헤겔이 말한 공동체 개념인 '지틀리히카이트Sittlichkeit'를 번역한 것으로, 이것은 풍습을 의미하는 '지테Sitte'에서 유래된 단어이다. 공동체는 일상의 축적 위에 풍습처럼 시간을 들여 형성되는 것이다.

와쓰지는 헤겔의 가르침대로 2인 공동체의 다음 단계로서 제삼자인 아이가 더해진 3인 공동체에 관한 의견을 펼쳤다.

> 3인 공동체는 세 명의 존재를 공동으로 하고 세 명이 모두 그 존재에 참여할 뿐 아니라, 그중 어느 두 사람의 관계도 제삼자로 매개되어 있다.
>
> – 《윤리학》

2인 공동체와 3인 공동체의 차이는 단순히 인원수가 아니라 얽이는 방식이 달라지는 데 있다. 2인 공동체의 경우처럼 상호 참여만 있는 것이 아니라, 이번에는 매개의 관계가 되는 셈이다. 아이를 사이에 두고 부부 관계가 성립한다는 뜻이다. 참고로 아이의 수는 몇이든 상관없다. 논리상으로는 제삼자인 한 카테고리에 속한다.

분명 육아는 아이를 키우는 일이지만 사실 부부 관계도 성장하는 측면이 있다. 그렇게 아이가 어른으로 자랄 때까지는 어디까지나 아이를 매개로 한 부부 관계가 이어진다.

살아가는 데 꼭 필요한
행위를 같이하는 공동체

그러한 관계가 해체되는 것은 아이가 성인이 되었을 때이다. 성인이 된 아이는 이제 부모의 명령을 듣는 존재가 아니다. 말하자면 부모 자식은 이제 세대를 뛰어넘는 동지가 된다. 와쓰지는 이때 자녀와 부모 사이에 세대가 통일된 부모-자식 공동 존재가 형성된다고 했다. 부모와 자식이 서로를 인정하고 대등한 관계를 맺게 된다는 이야기이다. 부모가 나이 들수록 그 대등의 정도는 날로 진전하게 된다. 그렇다고 해서 역전되지는 않는다. 겉으로는 역전한 듯 보일 수도 있겠으나 이는 연대의 한 형태이며 관계가 역전되었다고는 말하기 어렵다.

부모와 자식의 대등함에 관해서는 와쓰지의 집에 관한 사고방식을 보면 알 수 있다. 철학자다운 그의 표현을 살펴보자.

여기서 '집'의 존재란 재물 수용의 공동, 바꿔 말하면 생명 재생산의 공동을 의미한다.

–《윤리학》

예전 집에는 화덕이 있었다. 그곳에서 식사가 만들어졌고 가족은 화덕을 둘러싼 생활을 했다. 지금도 부엌이나 거실은 가족이 모여 식사하는 장소이다. 바로 그곳에서 생명 재생산의 공동이 이루어진다.

물론 먹는 행위는 하나의 상징으로, 그곳에서는 다른 여러 활동이 이루어지기도 한다. 와쓰지는 그 예로 수면을 들었다. 집은 안심하고 잠을 자는 장소이며 수면을 통해 사람은 생명을 재생산한다. 체력을 회복하고 마음을 재정비한다.

평소 너무 당연시하고 있어 알아채기 어렵지만, 우리가 약해져 있을 때 밥을 먹거나 잠을 자려면 누군가의 도움 또는 협력이 필요하다. 병으로 누워있을 때 누군가가 식사를 준비해 주지 않으면 제대로 먹지 못한다. 태풍이 치는 밤, 부모가 곁에 있어 주지 않으면 어린아이는 안심하고 잘 수 없다. 가족은 그렇게 살아가는 데 꼭 필요한 행위를 같이하고, 서로가 그것을 충분히 누릴 수 있도록 돕는다.

사람은 약해지고 나서야 가족의 고마움이나 의미를 깨닫는다. 그래서 나이가 들면 가족의 고마움을 더 깊게 느끼는 것은 아닐까? 이것은 나이 든 사람이 약한 존재라고 말하려는 것이 아니라 서로의 도움이 좀 더 필요한 존재라는 점을 강조하려는 것이다. 도움이 필요하다는 것은 나쁜 일이 아니다. 평소 우리는 그 점을 잘못 생각하고 있다.

원래 와쓰지 사상의 근간에는 '관계'라는 개념이 있다. 그것은 인간에게는 사람과 사람 사이의 관계성이 가장 중요하다고 하는, 인간의 본질을 다룬 개념이다. 그렇다면 사람이 서로 돕는 일도 더 긍정적으로 바라볼 수 있지 않을까?

부부 두 사람이 이룬 2인 공동체의 상호 참여도 그렇고, 아이를 매개로 한 3인 공동체도 마찬가지이다. 가족이란 돕는 쪽이나 도움을 받는 쪽이나 서로 도움을 주고받는 과정을 통해 생명의 재생산을 공동으로 한다.

나이가 들면 아무래도 가족의 도움을 받는 처지가 되지는 않을지 걱정하기 쉽지만, 그런 걱정은 하지 않아도 된다. 원래 가족은 그렇게 서로 도움을 주고받고 울고 웃으며 하루하루 살아가기 위해 존재하기 때문이다.

어떻게 일하며
관계 맺을 수 있을까?

호퍼의 노동론

자존심을 위해
일하라

인생 백 세 시대라는 말이 생기면서 무엇이 가장 크게 변했을까? 아마도 일에 대한 사고방식일 것이다. 얼마 전까지는 예순이면 은퇴하고 여생을 보내는 것이 일반적 상식이었다. 그런데 수명 연장과 함께 은퇴 연령이 상향되었다. 이제 60세에 정년퇴직을 하는 사람은 많지 않다. 65세, 70세까지도 일하는 시대가 되었고, 70세가 넘어서도 일을 계속하는 사람이 있다. 사람들의 건강 수명도 점점 길어지는 사회에서 일의 의미는 완전히 바뀌었다고 볼 수 있다. 즉 인생의 거의 막바지까지 사회 활동을 하는 것은 당연한 일이 되었고, 중요한 것은 인생 말년에는 어떻게 일할 것인가에 대한 생각의 정립이다. 팔구십 대가 삼사십 대처럼 활발히 일하는 세대와 같은 업무를 같은 방식으로 하지는 않겠지만, 분명 넓은 의미에서 일을 계속하게 되었기 때문이다. 그러므로 어떻게 일할지에 관한 생각을 정리해야 인생의 남은 날들을 행복하게 보낼 수 있다.

우리는 회사에 소속되어 있거나 매일 일하지는 않더라도 적어도 노동자로서 활동을 계속하게 되었다. 이는 사회가 그러한 삶의 방식을 요구해서라기보다는 그렇게 사는 쪽이 활기찬 일상을 보낼 수 있기 때문이다. 평생 현역이라는 말은 단순한 슬로건이 아니라 이제는 상식으로 여겨지고 있다. 그렇다면 대체 어떤 방식으로 일해야 할까? 타인 그리고 사회와는 어떻게 관계를 맺어야 할까?

미국의 철학자 에릭 호퍼1902~1983는 독학으로 자기만의 철학 체계를 구축하였고 부두 노동자로서 평생 일하며 집필 활동을 이어나가고 사색을 계속한 독특한 철학자로 알려져 있다. 그는 유소년기에 일시적인 실명을 겪은 적도 있고 일찍 부모를 여의기도 해서 학교 교육은 전혀 받지 못하고 자랐다. 따라서 생계를 위해 일을 할 수밖에 없었다.

그런 호퍼는 **사람은 필요한 것을 위해서가 아니라 오히려 불필요한 것을 위해 노력하고 일한다**고 말했다. 이때 불필요한 것이란 직접적인 목적으로 여겨지는 것이 아니라서 다른 사람이 보았을 때는 아무래도 좋은 것이라고 해석할 수 있다. 예를 들면 자존심 같은 것이다. 그는 자존심은 영혼을 사는 유일한 통화currency라고도 말했다. 자존심만이 자신을 구해준다. 왜냐하면 자존심은 잠재 능력과 업적으로부터 나오는 것이기 때문이다.

이는 우리가 평생 일하는 목적에 대한 무척 중요한 힌트가 될 수 있을 듯하다. 돈을 벌기 위해서 또는 생산성을 높일 목적으로 일한다면 젊을 때만큼의 성과는 내지 못할 것이다. 나이 들수록 신체도 쇠퇴하기 때문이다. 그러나 자존심을 위해 일하는 것은 몇 세가 되더라도 변할 것이 없다.

그리고 호퍼는 다음과 같이 무언가를 추구하는 행위의
의미를 강조했다.

열정적으로 추구하는 모든 행위에서 중요한 것은 추구하
는 대상이 아니라 추구한다는 행위 그 자체이다.

－《에릭 호퍼, 나를 사랑하는 100가지 말들

エリック·ホッファ__ 自分を愛する100の言葉》

추구하는 행위 그 자체가 중요하다면 일하고 있는 동안
은 실현할 수 있다. 호퍼 자신도 낮에는 부두 노동자로 일
하고 밤에는 사색과 집필을 하는 철학자로 매일매일을 보
냈는데, 그 뿌리에는 자존심이 있었다. 자신이 세상에 도
움이 되고 있으며, 스스로 행복을 느끼는 일을 하고 있다
는 감각이다. 그래서 호퍼는 그러한 생활 방식을 일관되게
유지했다. 부두 노동자를 그만두어도 생계에 지장은 없었
겠지만 그는 일부러 계속했다.

외롭지 않으면서
자신의 시간을 갖는 일

그러나 밖에서 일을 계속하다 보면 인간관계의 문제는 부차적으로 따라온다. 그것은 꽤 성가신 일이며, 호퍼에게도 예외는 아니었다.

호퍼는 부두 노동 일을 각별하게 좋아했지만, 인간관계로는 유쾌하지 않은 일을 겪어 지친 적도 있다고 한다. 그는 5분 동안 논쟁을 하느니 5시간을 일하는 편이 낫다고 토로하기도 했다. 기본적으로 그는 사람과 깊게 사귀지 않았고 때로는 친해졌다가 스스로 멀어진 적도 있다고 한다. 호퍼는 사무적인 관계라고 하는, 그런 의미의 얕은 관계를 일부러 만든 듯하다. 그렇다고 해서 인간을 혐오했다든가 지루한 인생을 보냈다는 것은 아니다.

실제 호퍼의 인생 속에는 몇 차례의 멋진 인연도 있었다. 그가 레스토랑에서 일할 때 어느 신사의 신발에 구멍이 뚫린 것을 발견하고 기워 준 일이 있었는데, 그 보답으로 신사는 금시계를 선물했다고 한다. 그렇다고 그 사람과 연락처를 주고받지도 않았고 두 번 다시 만나지도 않았지만, 30년이 지난 후에도 그 기억은 선명하게 남아 있다고 호퍼는 이야기했다. 아마도 얼굴은 확실하게 기억한 모양이다. 호퍼가 사람과 어떤 식으로 접했는지 엿볼 수 있는 일화이다.

이는 단순히 그가 사교적이지 않아서가 아니라 작가로서 그편이 바람직했기 때문일 것으로 보인다. 호퍼는 그것을 이렇게 표현했다.

> 사람 사이에 섞여 생활하면서도 고독하게 있는 것, 이것이 창조하기에 가장 적합한 환경이다. 이 같은 환경은 도시에는 있지만 마을이나 작은 동네에는 없다.
>
> ─《에릭 호퍼, 나를 사랑하는 100가지 말들》

그는 굳이 무인도에 가서 생활하고 싶은 것은 아니었지만 사람과 교류하고 싶은 것도 아니었다. 작가로서 창조 활동을 하기 위한 적절한 번화함과 적당한 시간이 필요했을 것이다. 이것은 꼭 작가에게 한정된 것이 아니라 어떤 직업을 갖고 있든지 간에 이상적인 환경이지 않을까? 외롭지 않으면서 자신의 시간을 가질 수 있는 딱 좋은 일상. 특히 나이가 들면 그런 환경이 편안해지는 법이다.

사람은 청년기에 무리를 이루어 북적이는 것을 즐기는 경향이 있다. 그러나 점점 혼자 조용히 지낼 시간을 원하기 시작한다. 그러면서도 완전히 고립되는 것에는 외로움을 느낀다. 그래서 사람 사이에 섞여 있으면서도 고독하게 있음으로써 주도적으로 자신만의 시간을 확보한다. 호퍼가 그랬듯 노년을 맞이한 뒤라면 위와 같은 방식을 취하는 것이 무리 없이 계속 일할 수 있는 비결이 된다.

소박한 일상이 평생 일할 수 있는
환경을 만든다

내가 동경하는 것도 그런 일상이다. 그러나 그런 일상은 회사에서 근무할 때는 좀처럼 실현하기가 어렵다. 나에 적용해 보자면 대학 교수직을 정년 퇴임한 뒤에야 가능할 것이

다. 반대로 말하면 요즘 시대에는 정년 뒤에도 어떤 형태로
든 계속 일하게 될 것이므로, 언젠가는 그러한 딱 좋은 일
상이 기다리고 있다고 할 수 있다.

그 점에서도 호퍼는 평생 일하는 시대의 본보기라고 할
수 있다. 그는 일찍이 평생 일할 수 있는 딱 좋은 일상을 확
립했다. 그것은 이러하다.

> 세상이 나에 대한 어떤 책임도 지지 않는다는 확신에서 희
> 미한 기쁨을 느낀다. 나는 매우 적은 것으로 만족을 느낀
> 다. 하루 두 끼의 맛있는 식사, 담배, 흥미로운 책, 약간의
> 저술 활동…… 이것이 내 생활의 전부이다.
>
> —《에릭 호퍼, 나를 사랑하는 100가지 말들》

정년 전까지는 이것에 더해 부두 노동을 했고, 이후에
는 저술 활동을 업으로 했다. 호퍼의 이러한 삶의 방식은
소박해 보이지만 실제로 실행하기란 어려워 보이기도 한다.
배불리 먹는 시대를 살며 우리가 너무 많은 것을 원해왔기
때문이지 않을까?

우리는 호퍼의 생활 방식과는 다르게 살아온 경우가 많을 테지만 지금 한번 호퍼의 말처럼 살아 본다면 여유로운 노년을 보낼 수 있을 것이다.

나와 다른 존재와
관계 맺는 법

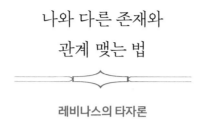

레비나스의 타자론

타자란
어떤 존재인가

나이가 들면 은퇴하고 병을 앓고 사별을 경험하는 일련의 과정을 통해 인간관계가 점차 좁아진다. 한편 체력은 떨어져 혼자 할 수 있는 일이 적어지면서 타자에의 의존도가 높아진다. 좁고 깊은 교제가 요구되는 노년에 이르러 타자와 어떻게 관계를 맺는 것이 좋을까? 우리는 타자에게 응답할 의무가 있다고 유대인 철학자 에마뉘엘 레비나스

1906~1995는 이야기했다.

인간은 어떻게든 타자와 관계를 맺을 수밖에 없는 생물이다. 진정한 의미로 혼자가 되는 때는 인생의 마지막 순간뿐일 것이다. 그것도 산속에서 혼자 조용히 숨을 거두는 경우가 아니라면 마지막을 맞게 되는 곳이 집이든 병원이든 누군가가 관계되어 있다. 인간은 타자의 촘촘한 그물망에 엮여서 살아간다.

프랑스 철학자로 활약한 레비나스는 그런 타자의 존재에 관해 깊이 고찰했다. 그는 원래 리투아니아 출신의 유대인으로, 그 탓에 제2차 세계대전 당시 나치의 박해를 받았으며 거의 모든 가족이 학살당하는 일을 겪어야 했다.

혼자 남겨진 레비나스는 그러한 경험을 바탕으로 타자에 대한 관심이 강렬해진다. 나치가 너무나 쉽게 죽여 버리는 타자, 그리고 남겨진 자신을 둘러싼 타자란 어떤 존재인가. 그 답 중 하나가 《전체성과 무한》이라고 하는 그의 주요 저서의 한 문장에 잘 나타나 있다.

타자란 절대적으로 다른 것이다. '타자'는 '나'에 가산되지 않는다. '당신' 혹은 '우리'라고 말하는 공동체는 '나'의 복수형이 아니다.

-《전체성과 무한》

레비나스가 말하는 **타자는 절대적으로 다른 것**이다. 즉 '나'에게 포섭되지 않는 존재이다. 그러므로 타자를 뭉뚱그려 '우리'라고 표현하더라도 그것은 결코 '나'가 복수로 존재한다는 의미는 아니다. 어디까지나 '나'와 타자가 있을 뿐이며, 그것을 '우리'라고 표현하는 데에 지나지 않는다는 것이다.

그렇다면 '나'의 안으로 포섭되는 존재란 어떤 것일까? 많은 사물이 이에 해당한다. 사물은 얼마든지 소유할 수 있기 때문이다. 파괴하는 일조차 가능하다. 그러나 인간은 그럴 수 없다.

그런데 그것을 해 버린 것이 나치였다. 그들은 인간을 파괴하고 죽여 버렸다. 그것은 타자라고 하는 존재를 인정하지 않고 자기 안으로 포섭한 것과 같은 행위다. 마치 사물처럼 취급해 버린 것이다. 나치는 그렇게 타자가 없어지는 세계, 즉 다른 것이 존재하지 않는 전체주의를 실현하고자 했다. 레비나스의 저서 제목 속 '전체성'은 이를 의미한다.

저마다 다른 무한의 존재들임을
인식하는 일

나치의 예는 일반적이지 않은 특수한 사건으로 보일지 모르겠으나, 이 또한 같은 인간이 저지른 과오로 어떤 의미로는 누구나 저지를 수 있는 만행이다. 우리도 툭하면 타자를 자기 안으로 포섭하고자 한다. 스스로 깨닫지 못할 때가 많지만 그런 태도가 드러나고는 한다.

나이가 많은 사람도 예외가 아니다. 이것은 힘이 있느냐 없느냐의 문제가 아니라, 인간으로서 타자를 대하는 태도의 문제이다. 예를 들어 말을 듣지 않는 젊은 사람을 책망하는 것도 타자를 포섭하려는 태도라고 볼 수 있다. 전부 자기 안으로 포섭해 놓으면 마음이 편안해지고 모든 일들이 자기 뜻대로 흘러가기 때문이다. 전체성은 인간이 원하는 본능 같은 것이다.

그러나 본래 인간은 한 명 한 명 저마다 다른 무한의 존재이다. 이것이 바로 레비나스가 말하는 무한이다. 따라서 의식적으로 타자를 다른 것으로 인식할 필요가 있다. 그러기 위해 레비나스는 타자의 얼굴에 주목할 것을 권했다.

> 얼굴은 포섭되기를 거부함으로써 현전한다. 그런 의미에서 얼굴은 파악될 수 없는 것, 다시 말해 포괄될 수 없는 것이다.
>
> ―《전체성과 무한》

즉 인간의 얼굴은 타자에게 완벽히 파악되거나 타자의 소유물이 될 수 없으며, 그런 일은 불가능하다는 말이다. 분명 사람의 얼굴은 제각기 다르다. 똑같을 수 없으므로 얼굴 인식 기술도 가능하다. 말하자면 얼굴은 절대적으로 다름의 상징인 셈이다.

그 증거로 다른 사람의 얼굴을 가만히 쳐다보면 그 사람이 개성을 가진 하나의 인격이라는 사실을 잘 알 수 있다. 평소 우리는 타인을 그런 식으로 바라보지는 않는다. 전철에서 타인의 얼굴을 빤히 보는 일은 잘 없다. 그래서 그들은 승객이라는 한 단어로 뭉뚱그려진다. 군중도 내중도 마찬가지이다.

설명을 덧붙이자면, 전장에서도 '적군'이라고 생각하기 때문에 쏴 죽일 수 있는 것이다. 그들이 개성을 가진 타자라고 생각하는 순간 갑자기 죽일 수 없게 된다. 병사가 상대의 얼굴을 보지 않도록 훈련하는 것은 그러한 이유에서이다. 상대는 타깃, 그저 표적일 뿐이다.

전장의 이야기와 나이 든 사람에게 있어서의 타자가 무슨 상관이냐고 생각할 수 있겠지만 이 또한 같은 원리이다. 앞서 나이가 들면 타자에의 의존도가 높아지며 교제가 좁고 깊어진다고 이야기했다. 그렇다면 교제하는 사람, 보살펴 주는 사람은 모두 이웃이나 간호사 또는 간병인이 아니라 각자 이름과 개성이 있는 타자라고 인식할 필요가 있다는 것이다. 그래야만 서로 존중하는 마음으로 대할 수 있게 된다.

타자에 응답할
의무가 있음을 기억하라

현대의 요양 서비스는 가정에서 할 일을 사업화한 것이다. 그만큼 서비스를 받는 사람 또한 보살펴 주는 사람을 인간이 아닌 '서비스'로 받아들이기 쉽다. 그러나 보살펴 주는 사람은 사물이 아니다.

　보살피는 쪽의 윤리가 자주 요구되듯, 보살핌을 받는 쪽 역시 상대를 존중해야 한다. 그것은 서로 돕는 것이 불가결한 인간의 의무라고 말해도 좋을 것이다. **타자란 의무의 대상**이다. 레비나스의 타자론은 그러한 부분까지 다루었다.

> 그 초월에서 나를 지배하는 '타자'는 동시에 고아와 과부, 이방인이며 그들에 대해 나는 의무가 있다.
>
> － 《전체성과 무한》

　초월, 즉 자기 자신을 넘어선 외부에서 타자란 존재가

찾아온다. 그런 타자는 모두 손을 뻗어 주기를 기다리는 사람이며 그 타자에 대해 우리는 져야 할 의무가 있다는 말이다. 분명 사람은 모두 누군가의 도움이 필요하다. 사람은 혼자서는 살 수 없기 때문이다.

누군가에게 져야 할 의무가 있다고 하면 자신이 책임질 일을 저질렀거나 문제의 원인을 제공한 경우로 한정해 생각한다. 그러나 레비나스는 그렇게 생각하지 않았다. 그저 우리에게는 타자에 응답할 의무가 있다고 이야기했다.

그 배경에는 타자라는 개념에 관한 레비나스의 적극적인 의미 부여가 관계되어 있다고 할 수 있다. 그에게 **타자란 단순히 손을 뻗기만 하는 존재가 아니라 오히려 자신을 형성해 주는 존재**이기도 했다.

생각해 보면 우리는 타자와의 관계를 통해 새로운 것을 배우고 자극을 받으며 성장해 나간다. 그러한 의미에서는 타자가 자신을 형성한다고도 볼 수 있다. 그러므로 그런 타자에 대해 응답할 의무가 있다고 주장한 것이다.

이것은 나이와는 상관이 없다. 우리의 정신은 죽을 때까지 계속해서 성장한다고 하는데, 그 성장 역시 타자가 가져다주기 때문이다. 나도 청년들에게서 배우는 것이 많은데, 더 나이 드신 분들도 그러할 것이다. 때로는 손자에게 배우는 일도 있을 수 있다.

배움의 내용은 젊은이들만 알고 있는 지식과 문화가 아니라, 예를 들자면 잊고 있던 순수한 마음이나 삶의 기운처럼 더 깊이 있는 것이다. 그런 자극 덕에 우리는 마지막까지 빛나게 살 수 있다. 그렇다면 레비나스의 말대로 계속해서 타자에게 응답하는 것은 의무일지도 모르겠다.

"

인간은 어떻게든

타자와 관계를 맺을 수밖에 없는 생물이다.

진정한 의미로 혼자가 되는 때는

인생의 마지막 순간뿐일 것이다.

"

외로움이 찾아올 때
해야 할 일들

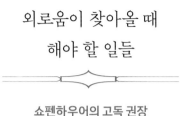

쇼펜하우어의 고독 권장

쇼펜하우어가 고독과 자유를
예찬한 이유

일본의 노인 네 명 중 한 명은 1인 가구이다. 노인의 고독 및 고립이 사회문제로 대두되고 있는 까닭이다. 당장 고독하지 않은 사람도 언젠가 자신이 고독해질 때가 온다면 어떻게 해야 좋을지 생각해 본 일이 있을 것이다. 고독한 노후를 맞게 된다면 우리는 그 시간을 어떻게 지내야 할까? 근대 독일의 철학자 아르투어 쇼펜하우어1788~1860는 그 자신도 고독한 생애를 보냈는데, 그의 말에 따르면 고독은 오히려 자유로운 시간이며 이 시간을 의미 있게 보내면 인생을 즐길 수 있다. 그가 고독을 권상하는 이유 는 무엇일까?

인생을 풍요롭게 하는 동시에 그만큼 괴롭게 만드는 것. 그것은 바로 인간관계이다. 그렇다면 애초에 고독을 즐기는 편이 나을지도 모른다. 그런 취지에서 쇼펜하우어는 고독이 권장할 만한 것이라고 주장했다. 특히 노년에는 필연적으로 고독해지기 쉽다. 그런 인생을 외로운 인생으로 볼 것인가, 풍요로운 인생으로 볼 것인가. 고독을 사랑하는 쇼펜하우어는 이렇게 단언했다.

뛰어난 정신을 지닌 사람은 고독을 선택하게 된다. 왜냐하면 사람은 자신이 가진 것이 크면 클수록 외부로부터 원하는 것이 점점 작아지며, 그만큼 외부의 일들이 그를 좌지우지하기 어려워지기 때문이다.

— 《쇼펜하우어의 행복론과 인생론》

고독한 인생은 자기 바깥의 것에 의지할 필요가 없어진

다는 의미에서 위대하다. 이것은 그의 깊은 사색의 결과로 도출된 진리라고 할 수 있으나 단순히 관념적인 것이 아니라 그 자신이 경험한, 이른바 실증을 거친 철학이다.

고독의 철학자 쇼펜하우어는 권력에 복종하지 않고 사랑의 감정마저 억제하며 평생 고독하게 사색하는 길을 걸었다. 원래 젊었을 때는 사업가의 후계자로서 사교에 몰두하는 나날을 보냈지만, 그렇기에 하는 일 없이 타인과 시간을 보내는 것의 무의미함을 깨달았다.

그리고 무엇보다 대학교수로서의 좌절은 그를 고독의 길로 들어서게 한 운명적 계기가 되었다. 철학자로 등장한 직후 임용된 베를린 대학에서 하필이면 당시에 이미 명성이 높았던 철학자 헤겔과 같은 시간대 강의를 개설한 것이다. 그 결과 헤겔의 강의는 많은 학생으로 가득 찼으나 신임인 쇼펜하우어의 강의를 들으러 온 학생 수는 고작 한 자릿수에 그치고 말았다.

쇼펜하우어는 이 일로 대학을 떠나 다시는 돌아가지 않았다고 한다. 이후 그는 혼자 고독하게 사색하고 저술 활동에 힘쓰는 날들을 보냈다. 그러나 이 고독한 일상은 그의 인생을 위대한 것으로 바꾸었다.

쇼펜하우어는 수많은 제자에게 둘러싸여 사교와 잡무로 시간을 보내는 헤겔을 무시하며 순수하게 시색에 집중할 수 있었다. 바꿔 말해 자신이 하고 싶은 일과 해야 하는 일에 전념할 수 있게 되었다. 그것을 쇼펜하우어는 '자유'라는 단어로 표현했다.

> 누구나 혼자 있을 때만 온전한 자기 자신으로 있을 수 있다. 그러므로 고독을 사랑하지 않는 자는 자유도 사랑하지 않는 자라고 할 수 있다.
>
> ─《쇼펜하우어의 행복론과 인생론》

고독은 곧 자유이며 **본래의 자신이 될 수 있는 시간**이다. 반대로 말하면 누군가와 함께 보내는 시간에 우리는 자유를 빼앗긴다고도 할 수 있다. 사교를 위한 회식이나 모임에 참석했을 때 종종 시간 낭비라고 느낄 때가 있을 것이다. 물론 그 자체를 즐기는 경우는 다르다. 혹자는 그런 모든 일들이 나중에 다 도움이 된다고 말할 수도 있다. 그

러나 진정으로 자신이 하고 싶은 것에 전념할 수 있을 때
야말로 가장 행복한 순간이며 그때 우리는 성과도 낼 수
있다. 반대로 모임에 함께하고 싶었는데 초대받지 못한 경
우에도 외롭거나 아쉽다고 생각할 필요는 없다. 대신에 자
유를 얻었다고 생각하고 자신이 하고 싶은 일을 하면 된다.

어차피 영원히 고독할 수는 없다. 싫어도 다른 사람과
사귀어야 하는 경우가 생기지 않는가. 그렇다면 어쩌다 주
어진 고독한 시간을 행운으로 여기고 자신을 위해 유의미
하게 사용하는 편이 바람직할 것이다.

거장은 홀로 있어도
작은 오케스트라를 이룰 줄 안다

쇼펜하우어가 만년에 유명해지고 나서는 주위에 사람들이
몰려들었다. 이는 그가 고독을 사랑하고 자신이 하고 싶은
일에 전념했기 때문에 나타난 결과라고 말할 수 있다. 자기
시간을 유의미하게 사용하면 이렇듯 매력은 배가된다.

나이가 비교적 많지 않을 때 고독한 시간을 의미 있게 사용하면 노년에 이르러 고독을 조절할 수 있게 된다. 다시 말해 고독하게 있는 시간과 사람 사귀는 시간을 자유롭게 선택할 수 있게 된다. 나이에 상관없이 누구나 업적을 쌓은 사람이나 매력적인 사람 쪽으로 모여든다. 이미 노년에 다다른 사람도 늦지 않았다. 적극적으로 고독을 즐기면 사람은 다가오기 마련이다. 외로워 보이는 사람보다 활기차 보이는 사람이 더 매력적이기 때문이다.

반면 괜히 들이대는 사람이나 아첨하는 사람은 피하게 된다. 매력적인 사람이 되고 싶다면 역설적으로 고독하게 있어야 하는 것이다. 원래 인생이란 것이 다 같이 악기를 연주하는 오케스트라처럼 보여도 사실은 그렇지 않다. 쇼펜하우어는 이러한 비유를 들어 설명했다.

정신이 풍요로운 사람은 혼자 협주곡을 연주하거나 피아노를 치는 음악의 거장으로 비유할 수 있다. 거장 혼자서 작은 오케스트라를 이루는 것처럼 정신이 풍요로운 사람은 홀로 작은 세계를 형성한다.

그래서 타인의 인생이 빛나 보이거나 부럽게 느껴지는 것은 아닐까? 반대로 비참해 보이는 일도 있다. 그렇다면 지나가던 사람도 무심코 발을 멈추고 귀 기울이게 만드는 솔로 연주를 즐기는 사람처럼 혼자서도 충만한 인생을 보내야 한다고 생각한다.

이렇게 말하는 나도 젊은 시절에는 가능한 한 큰 조직에서 눈에 띄는 중요한 일을 맡으려고 기를 썼다. 그러나 항상 그러지는 못했다. 자신이 속한 조직이나 공동체가 크면 클수록 고독을 느낄 일도 늘어난다. 늘 한 집단의 중심을 차지하고 눈에 띄는 일을 할 수는 없기 때문이다. 그때 내가 들어갈 수 없는 집단을 보며 외로움에 휩싸이는 일도 많았다. 그 결과 고독을 견디지 못한 나는 속해 있던 공동체 자체를 떠나게 되었다. 그리고 다른 공동체 속에서 환상을 찾으려 안달복달했다.

물론 몸담는 조직을 아무리 바꾼다 해도 고독이 사라지지는 않는다. 그 사실을 겨우 깨닫고 고독을 즐기게 된

것은 철학을 만나고 난 이후이다. 쇼펜하우어의 고독론을 알게 된 것도 그 무렵이다. 그러자 갑자기 보이는 풍경이 달라졌다. 내가 들어갈 수 없는 집단은 여전히 많았지만, 그것이 선망의 대상에서 나를 꾀려는 유혹의 대상으로 변모한 것이다.

이후로 가능한 한 집단을 피하게 되었다. 더 정확하게 말하자면 '고르게' 되었다. 모든 집단을 항상 피하는 것이 아니라 나에게 맞는 집단을 선택하게 된 것이다.

고독은 어느 날 갑자기
찾아온다

공동체의 동물, 사회적 존재인 인간에게는 아무래도 자유에 대한 제약이 따른다. 즉 사회생활을 하기 위해서는 어떠한 공동체에 속해야만 하는 것인데, 본래 그것은 고통이 되거나 강제되어서는 안 된다. 스스로 원해서 타인이나 사회를 위해 자기 자유에 제약을 부여하는 것은 훌륭한 일이다. 그러나 그 도덕관이 어느새 고독하게 있는 것을 꺼림칙한 것으로 바꾼 듯 보인다.

흥미롭게도 젊은 쇼펜하우어가 대결한 헤겔은 공동체주의의 조상이라고 불릴 만한 인물이었다. 사람은 공동체 속에서 자신의 역할을 다함으로써 주위로부터 인정받을 수 있다고 생각했기 때문이다. 쇼펜하우어는 그러한 헤겔의 도덕관을 부정하고 혼자서 자유롭게 사는 것을 예찬했다고 할 수 있다.

어느 쪽이 옳든 우리는 언젠가 원하든 원하지 않든 고독하다고 느끼게 될 날을 맞게 될 것이다. 그때 마음이 병들지 않도록 지금부터 고독을 긍정적으로 바라보고 자유를 즐기는 연습을 해 두는 것도 나쁘지 않다.

사람은 갑작스러운 변화에 취약한 생물이다. 그럼에도 고독은 어느 날 갑자기 찾아올 가능성이 있다. 구조조정, 친구와의 헤어짐, 가족의 죽음……. 그럴 때 당황하지 않고 나답게 살아내기 위해서는 매일 나에게 초점을 맞추어 살아가는 연습이 필요하다.

나이 든 사람은 어떻게
사랑해야 하는가

프롬의 사랑의 철학

사랑은 빠지는 것이 아니라
스스로 뛰어드는 것

벌써 몇 년, 아니 몇십 년이나 사랑을 쉬고 있는가. 연애 감
정은 나이가 들어도 당연히 느낄 수 있다. 그런데 누군가
는 그런 감정을 나잇값도 못 하는 일이라며 부정한다. 연애
에 나이 제한 같은 것은 없다고 하면서도 사람은 왜 연애
를 젊은이만의 전유물로 생각할까? 나이가 들면 인간적 매
력이 사라질까? 그렇지 않다.

젊음은 분명 사라졌다. 그러나 인간의 매력은 젊음뿐이 아니다. 만약 젊음이나 외모가 연애의 중요 요소라고 생각한다면 그것은 자신이 사랑받을지 아닐지에만 급급한 결과라고 볼 수 있다. 그러나 사실 사랑이란 쌍방적 행위로서 **사랑받기 이전에 '사랑하는' 행위가 먼저 있어야 한다.**

독일의 정신분석학자 에리히 프롬1900~1980은 저서《사랑의 기술》에서 사랑의 본질에 관해 탐구했다. 그는 사랑이란 능동적 활동이며 자립한 사람들 사이에서 맺는 대등한 관계라고 정의했다. 프롬은 사랑을 '사랑하는 능력'의 문제로 다루었다.

> 사랑은 수동적인 감정이 아니라 능동적인 활동이다. 그 안에 '빠지는' 것이 아니라 '스스로 뛰어드는' 것이다.
>
> ─《사랑의 기술》

즉 사랑이란 능동적 행위이며, 저절로 사랑에 빠지는 것이 아니라 스스로 뛰어들어 행동하고 성취하는 것이라는 말이다. 우리는 자주 큐피드가 쏜 화살에 맞아 사랑에 빠진다고 착각하고는 한다. 물론 첫눈에 반하거나 갑자기 누군가를 의식하게 되는 일은 있다. 그렇더라도 그것이 연애로 발전할지 아닐지는 우리의 능동성에 달려 있다. '저 사람 괜찮네', '사귀어 보고 싶다'라고 생각하는 경우는 누구나 있을 것이다. 그러나 그러한 마음이 바로 연애로 이어지지는 않는다. 그런 마음은 한순간에 사라져 버리는 것이 대부분이다. 왜일까?

그것은 바로 체면을 차리기 때문이라고 할 수 있다. 그런데 도대체 누구에게 체면을 차리는 것일까? 다른 사람들일까? 기본적으로 사람은 타인의 일에는 크게 관심이 없다. 그러므로 체면을 차리는 것은 자기 자신에 대해서다. 그리고 자신에게 체면을 차리는 이유는 자신감이 없기 때문일 것이다.

그러므로 자신감을 가지고 그 순간 품은 마음이 사라지지 않도록 불씨를 놓치지 않고 살린 사람만이 연애가 가능하다. 자신감에 관해서는 나중에 다시 이야기하겠지만 어쨌든 연애란 그렇게 열정이 필요한 일이다.

사랑은 꼭 근사한 일이라고는 할 수 없다. 오히려 볼품 없어 보일 때가 많다. 있는 힘껏 상대를 쫓아가서 평소의 자신과는 다른 모습을 보이고 때로는 마음을 얻는 데 실패하기도 한다. 그럼에도 도전할 가치는 있다. 그것은 산길을 걷는 일과 비슷하다. 사랑하지 않으면 괴로울 일도 가슴 떨 일도 없이 평탄한 길을 걸을 수 있다. 그러나 사랑하기로 마음먹는 순간 우리의 평탄했던 인생은 갑자기 산길로 모습을 바꾼다.

산길에서는 좀처럼 앞으로 나아가기가 어렵고 때로는 지칠 때도 있다. 그러나 그렇기에 다양한 경험을 할 수 있다. 그리고 그곳에서 만나는 풍경은 무척이나 아름답다. 더구나 그 아름다운 풍경은 혼자 보지 않는다. 같이 걷는 사람이 있기 때문이다.

사랑의 능력은
어디서 오는가

결국 나이 때문에 사랑을 포기할 필요는 전혀 없다. 사람을 사랑하는 일은 인생 경험의 풍부함이나 신체 능력에 따라 정해지는 것이 아니라, 오로지 자기 마음에 달린 것이기 때문이다. **스스로 뛰어들 용기가 있다면 그것만으로 충분하다.** 그러므로 스스럼없이 사랑하고 사람을 사귀고 연애하면 된다.

문제는 그 용기가 생기지 않는다는 데에 있다. 그러나 이것도 왜 용기가 생기지 않는지 생각한다면 간단히 해결할 수 있다. 이것은 나이에 상관없이 있을 수 있는 일인데, 일종의 자립심 결여가 발목을 잡는 것이다. 이것을 두고 프롬은 '혼자 있을 수 있는 능력'이라고 칭했다.

> 만일 자기 다리로 서지 못한다는 이유로 타인에게 매달린다면 그 상대가 생명의 은인은 될 수 있을지언정 둘은 사랑하는 관계가 될 수는 없다. 역설적이지만 혼자 있을 수 있는 능력이야말로 사랑할 수 있는 능력의 전제조건이다.
>
> – 《사랑의 기술》

사랑이란 자주적으로 독립한 사람끼리 맺는 대등한 관

계이다. 프롬은 어느 한쪽이 상대방에게 의지하는 형태로는 사랑이 성립하지 않는다고 생각했다. 그는 역설적이라고 말했지만 전혀 그렇지 않다. 사랑은 서로 지지하고 지켜주는 일이므로 애초에 자기 자신부터 제대로 서 있지 않으면 성립될 수 없기 때문이다.

이제 앞에서 언급한 자신감에 관한 이야기를 해 보겠다. 나이가 들면 아무래도 자신감이 떨어지기 마련이다. 체력이 없어지고 사회적 지위가 사라져 버린 상황의 객관적 변화 때문일 수도 있다. 그러나 그것은 표면적 현상에 지나지 않는다. 인간의 정신은 멈추지 않고 늘 성장하며, 과거에 성취했던 일 역시 사라지지 않기 때문이다. 그러므로 자신감을 더 가져야 한다. 남성 혹은 여성으로서의 자신감이라기보다, 한 사람으로서의 자신감이다. 그것이 사랑을 위한 자립심으로 이어진다고 할 수 있다.

생산성이
사랑에 미치는 영향

물론 자신감이 과거의 영광으로부터 생기는 것만은 아니
다. 지금 하는 일도 크게 영향을 미친다. 꼭 보수를 받는 일
이 아니더라도 좋다. 지역 활동이나 자원봉사, 주위 사람을
보살피거나 운동을 하는 등의 일이다. 생산적인 일을 하는
것만으로도 사람의 매력은 커진다. 프롬은 생산적인 활동
과 사랑을 직접적으로 결부시켰다.

> 사람을 사랑하기 위해서는 정신을 집중하고 의식을 각성
> 시키고 생명력을 높여야 한다. 그리고 이를 위해서는 생활
> 의 다른 여러 분야에도 생산적이며 능동적인 자세를 가져
> 야 한다. 사랑 이외의 측면에서 생산적이지 않으면 사랑에
> 도 생산적이지 못하게 된다.
> 　　　　　　　　　　　　　　　　　　　　　－《사랑의 기술》

즉 무슨 일이든 생산적으로 임하는 사람이 사랑에도

그렇다는 뜻이다. 사랑에는 활력이 필요하다. 분명 많은 이들이 동의하리라 생각하는데, 일이나 취미를 열심히 하는 사람이 연애도 잘한다. 대체 그럴 시간이 어디 있을까 생각될 정도이지만, 사람이 무언가를 할 때 필요한 에너지원은 결국 같은 것이다.

그러므로 나이가 들어서도 무슨 일이든 적극적으로 임하는 사람은 연애도 할 수 있다. 반대로 좀처럼 연애하기 힘든 사람이라면 지금 하는 모든 일에 더욱 적극적으로 임하는 편이 좋을 것이다. 그러면 자연스럽게 연애에 다가갈 수 있기 때문이다.

흥미롭게도 인기를 얻으려고 할 때는 안 되다가 무언가 다른 일에 전념하고 있을 때 인기가 생긴다. 그러나 이는 우연이 아니다. 인기를 얻고자 외모에만 신경 쓸 때는 진정한 인간적 매력이 가려져 있다가, 다른 일에 전념할 때 발산되는 생명력으로 그 매력도 보이게 되기 때문이다.

지금까지 싱글의 연애를 전제로 이야기했지만, 결혼해서 배우자가 있는 사람도 물론 연애를 할 수 있다. 바로 배우자와 연애하는 것이다. 나이가 들면 부부도 친구 같은 관계가 된다. 젊을 때는 일과 육아로 바쁘다 보니 갈등도 많았겠지만, 어느 정도 마무리되고 나면 서로 아끼는 마음이 싹튼다. 그러면서 다시 한번 연애할 수 있게 된다.

프롬은 연애를 능력이라고 했는데, 나는 멋진 능력이라고 말하고 싶다. 그렇게 멋진 능력이 부여되었으니 살아 있는 동안은 계속 연애하는 것이 좋지 않을까? 연애에 은퇴는 없다. 그렇게 생각하면 설렘이 찾아온다.

"

사랑하지 않으면 괴로울 일도
가슴 뛸 일도 없이 평탄한 길을 걸을 수 있다.
그러나 사랑하기로 마음먹는 순간
우리의 평탄했던 인생은
갑자기 산길로 모습을 바꾼다.

"

4장

인생

인생을 어떻게
재미있게 살 수 있을까?

러셀의 행복론

경험 수집가가 순수하게
취미를 즐기는 방법

은퇴 후 자유로운 시간을 얻게 되었다면, 이때를 어떻게 보내면 좋을까? 새로운 취미라도 가져보고 싶지만 체력이나 경제적인 면을 생각하면 선뜻 손을 뻗지 못하는 이도 있을 것이다. 그러나 영국의 철학자 버트런드 러셀1872~1970은 저서 《행복의 정복》에서 행복해지는 중요한 방법의 하나로 취미를 들었다.

러셀의 취미는 강 수집이었다. 그는 세계의 여러 강에서 배를 타는 일에 기쁨을 느꼈다고 한다. 그래서 강에서 배를 타고 오르내리는 경험을 수집했다. 그렇게 생각하면 강 수집도 우표 수집 같은 취미로 여겨진다.

우표 수집은 오랫동안 사랑받았던 전통적 취미인데, 러셀은 그 우표 수집에 취미가 있었던 수학자를 예로 들었다. 그 수학자는 연구가 막힐 때마다 우표 수집에 시간을 쏟았다고 한다. 마치 인생이라는 시간을 수학과 우표 수집으로 이등분한 것처럼 말이다.

이렇듯 사람은 일이나 인생이 뜻한 대로 흘러가지 않을 때 느끼는 괴로움을 취미로 희석하곤 한다. 열중할 수 있는 일과 다양한 취미가 있으면 인생은 풍요로워지고 행복의 강도는 그만큼 커진다. 러셀은 그러한 취미를 '사심 없는 흥미'라고 표현했다. 그리고 이렇게 이야기했다.

이 장에서 이야기하려는 것은 한 사람의 생활 속 주요 활동 분야 바깥에 있는 흥미이다.

– 《행복의 정복》

예를 들어 전문가가 자기 일과 상관없는 분야의 책을 읽는 것은 사심 없는 흥미의 전형이다. 자신의 손익과 관계없이 순수하게 즐길 수 있는 것이기 때문이다. 나도 철학 이외의 책은 비교적 순수하게 즐기고 있으므로 공감할 수 있는 이야기이다.

러셀이 말하는 사심은 속셈을 의미하는 듯하다. '이런 취미를 가지면 일에도 도움이 될 테니 일거양득'이라는 식의 속셈 말이다. 바꿔 말하면 취미에 숨은 의도가 있는 것을 뜻한다. 그러한 마음으로는 취미를 순수하게 즐길 수 없다.

지금 당신은 인생을
제대로 즐기고 있는가?

러셀은 그 외에도 스포츠 관전, 공연 관람, 골프 등을 취미의 예로 들었는데 모두 그 분야의 프로가 아닌 이상 일과는 관계가 없는 것이라고 볼 수 있다. 이렇게 일과 관계되지 않은 취미를 가져야 비로소 효용이 생겨난다. 러셀은 취미의 효용을 세 가지로 분류하여 설명했다.

첫 번째 효용은 기분 전환이 되는 것이다. 평소 긴장을 놓치지 못하는 일과 전혀 상관없는 것을 하면, 그것에는 하룻밤을 잔 것과 같은 효과가 있다고 한다. 두 번째 효용은 균형 감각을 유지하는 것이다. 이것은 주로 일의 균형과 연관되어 있다. 러셀의 관점에서 보자면 때로 우리는 일이 전부인 것처럼 생각하는 경향이 있다. 특히 일중독에 걸리기 쉬운 성실한 사람들은 일을 마치 인생의 전부로 여기고는 한다. 본인이 자각했을 즈음에는 이미 과로 상태가 된 이후이다. 세상은 즐거운 것으로 가득 차 있는데도 일에만 심혈을 기울이는 것은 무척 안타까운 일이 아닐 수 없다. 따라서 러셀은 이렇게 주장했다.

> 이 세상은 비극적이거나 희극적인 것, 영웅적이거나 기괴하고 놀라운 일들로 가득 차 있다. 세상이 보여 주는 이 대단한 볼거리에 흥미를 갖지 못하는 사람은 삶이 베푸는 특전 중 하나를 잃는 것이나 마찬가지이다.
>
> ─《행복의 정복》

취미를 즐기지 못한다면 애석하게도 이렇게 재미있는 세상을 다 누리지 못하게 된다. **세상의 크기나 인생의 즐거움은 자신이 그것을 어떻게 바라보느냐에 달려 있기 때문이다.** 그리고 그 시야를 넓혀 주는 데 취미가 큰 몫을 한다.

슬픔으로부터
눈을 돌리기

세 번째 효용은 무려 슬픔을 희석하는 것이다. 이것은 나에게 가장 의외이면서도 가장 이해할 수 있는 것이었다. 예를 들어 사랑하는 사람이 죽으면 우리는 커다란 슬픔을 이기지 못하고 쓰러진다. 계속해서 슬퍼하면 지나치게 괴로워진다. 그럴 때 무엇인가 자신의 기분을 외부로 향하게 할 취미가 있으면 마음의 균형을 잡는 것이 가능해진다.

즉 슬픔으로부터 눈을 돌릴 계기가 필요하다. 러셀은 취미를 가지는 일을 인생을 살아가는 지혜로 보았다. 인간은 연약한 생명체이므로 괴로움으로부터 탈출하기 위해서는 취미뿐 아니라 어떠한 계기가 필요하다. 아무것도 없다면 우리는 주관의 구덩이에 갇혀 그곳에서 빠져나오지 못한다. 조금이라도 바깥으로 눈을 돌리지 못하고 자기 생각 속에 빠지는 상황이다. 러셀은 그 상태를 '자기도취'라고 부르며 비판했다.

그가 말하는 자기도취란 불행의 원인이다. 행복해지기 위해서는 주관의 반대 개념인 객관적으로 사는 삶이 필요한데, 그것을 가능케 하는 것이 바로 취미이다. 그리고 러셀은 그 취미가 **진정으로 객관적인 관심**'이어야 한다고 말했다. 도대체 그것은 어떻게 해야 가질 수 있을까? 러셀은 이렇게 대답했다.

당신이 자기도취라는 병을 극복하고 났을 때 어떤 객관적인 관심이 마음속에서 솟아날지는 당신의 본성과 외부 환경의 자연스러운 작용에 맡길 수밖에 없다.

―《행복의 정복》

즉 '객관적 관심'이라는 것은 타인의 관심에 자신을 맞추는 것이 아니라 자기 속에서 자연스럽게 솟아오르는, 정말 하고 싶은 것이나 알고 싶은 것을 향한 관심을 말한다. 그 관심에 따라 살아가는 것이 객관적으로 사는 삶이다.

그런 의미에서 취미란 찾아내는 것이 아니다. 우리는 취미를 찾고자 노력할 때가 있는데, 그렇게 해서 찾는 것은 진정한 취미라고 할 수 없다. 오히려 어떤 것을 좋아하는 마음이 커져서 결과적으로 취미가 되는 것이다. 그렇지 않으면 기분을 외부로 향하게 하기가 어렵다. 집중할 수 있으려면 결국 자기가 좋아하는 일이어야 하기 때문이다. 이것이 곧 진정한 의미의 객관적 관심이라고 할 수 있다.

인생의 어느 단계에서나 취미가 중요하다는 사실은 변함이 없다. 러셀의 논리는 젊은 시기에도 들어맞는다. 그러나 이제 인생의 후반에 접어드는 사람 그리고 이미 인생의 후반기를 맞은 사람에게는 더욱 중요하다고 할 수 있다. 왜냐하면 인생의 후반에 다다를수록 자연스럽게 일보다 취미의 비중이 커지기 때문이다.

평생 현역으로 일한다고 해도 일에 쏟는 시간이나 에너지의 비율은 보통 젊었을 때보다 줄어들기 마련이다. 일보다는 건강과 인생의 균형을 많이 생각하게 된다. 그러면 취미에 쏟는 시간이나 에너지는 필연적으로 늘어난다. 은퇴하고 나면 더욱 그렇다.

그럴 때 갑자기 취미를 가지려고 하면 실패할 확률이 높다. 그러니 은퇴하기 전부터 미리 준비를 해 두는 편이 좋다. 사실 무슨 일이든 조금 일찍 시작해야 편한 법이다.

러셀의 이론에 따르면 그러한 취미도 많으면 많을수록 좋다. 한 가지에 집중하는 것도 좋지만 어떤 이유로 그 취미를 계속 즐길 수 없게 될 위험성도 고려할 필요가 있다. 취미는 인생의 일부이므로 인생의 다른 요소들처럼 위험을 분산해 두는 것이 요구된다.

러셀은 위험성이라는 측면에서 또 하나의 중요한 점을 이야기했다. 취미에 열중하는 것은 좋지만 동시에 중용을 생각해야 한다는 것이다. 모든 일이 그렇지만 취미에 지나치게 빠져들어서 균형이 무너지면 안 하느니만 못한 일이 된다.

따라서 그는 취미를 일정한 틀 안에 담겨야 하는 것이라고 규정했다. 구체적으로 네 가지 틀을 들어 설명했는데,

첫 번째는 건강, 두 번째는 보통 사람만큼의 능력, 세 번째는 필수품을 살 수 있을 정도의 수입, 네 번째는 가족에의 의무라는 기본적인 사회적 의무이다. 취미에 지나치게 열중해서 건강을 해치거나, 본래의 능력을 펼치지 못하게 되거나, 가족에게 해를 끼치는 일이 일어나서는 안 된다.

취미는 행복한 삶을 위한 수단이니, 항상 행복이 목적이라는 사실을 잊지 않으며 즐기는 것이 가장 바람직하다. 노년을 행복하게 지내기 위해서도 중용을 의식하며 취미를 넓혀가는 것이 좋겠다.

돈이란
무엇인가

짐멜의 돈의 철학

신체의 열등함을
돈이 해결할 수 있는가?

나이가 들수록 불안 요소가 무엇인지 물으면 건강만큼, 아니 어쩌면 그 이상으로 금전 문제가 머리를 스칠 것이다. 우리는 보통 60대에 정년을 맞고 70대가 되면 돈 버는 능력이 사라진다고 본다. 그래서 많은 국가에서 연금이라는 형태로 노인의 생활을 보장하는 시스템을 만들어 두었다. 그러나 오늘날에 이르러 연금만으로 원하는 만큼의 행복

을 누리기는 어려워졌다. 그래서 장수 시대에 접어든 모두
가 불안해질 수밖에 없다. 나이가 들어 일할 수 없어지면
불안이 커진다는 데에서, 돈에 대한 불안의 크기는 자신의
사회적 지위와 반비례한다는 사실을 알 수 있다. 그러나 돈
이라는 발명품은 애초에 지위와 상관없이 그 사람에게 힘
을 실어 주기도 하는 양의성을 가진 존재이다.

우리는 돈을 어떻게 대해야 할까? 이 문제를 두고 탐구
한 독일의 철학자 게오르그 짐멜1858~1918은 《돈의 철학》•이
라는 저서를 남기기도 했다. 짐멜은 '현대문화에서의 돈'••
이라는 글에서 인간과 돈의 관계에 관해 이렇게 이야기했다.

> 돈은 한편으로는 모든 경제 활동에 미증유의 비인격성을
> 만들었고, 다른 한편으로는 그만큼 강화된 인격의 자율성
> 과 독립성을 만들어 냈다.
>
> ─《돈이란 무엇인가》

• 《돈의 철학》은 다음에 나오는 《돈이란 무엇인가》와 다른 책이다. 《돈이란
무엇인가》는 《돈의 철학》의 예비 연구들을 모아 엮은 책이다.
•• Das Geld in der modernen Cultur, 1896

그 사람이 어떤 사람이든 돈만 갖고 있으면 개인으로서 대등하게 취급받게 되었다는 말이다. 육체적으로 열등한 사람이라도 돈을 갖고 있으면 대등하다. 아니, 더 많은 돈을 갖고 있다면 더 큰 힘을 갖고 있는 것으로 본다.

해외의 어느 몰래카메라 영상 중에는 업신여김을 당하던 가난한 사람이 실은 부자로 드러나자 곧바로 주변에서 떠받들기 시작하는 것이 있다. 인간의 심리를 보여 주는 무척 흥미로운 영상이다.

이렇듯 이제 사람은 돈의 유무로 판단된다. 특히 나이든 사람은 신체적으로는 젊은 사람보다 열등하다고 여겨지지만, 돈의 유무에 따라 사회적 지위가 완전히 달라진다. 그 결과 어떤 일이 벌어지는가? 바로 분리이다.

우선 돈을 갖고 있는 사람과 갖지 못한 사람들 사이에서 분리가 일어난다. 짐멜은 거기에서 발생하는 부유층의 거만함을 지적하고 문제시했다. 다음으로는 모든 개인 간에 분리가 일어난다. 믿어야 할 것은 타인이나 집단이 아니라 자신이 갖고 있는 돈이 되기 때문이다.

돈은 불안과
함께 온다

돈이 있으면 무엇이든 살 수 있다는 발상은 이제 모든 서
비스업으로 퍼졌다. 노년의 보살핌도 가족이나 지역사회가
부담하기보다는 요양 시설과 같이 돈을 내고 구매할 수 있
는 서비스로 대체되고 있다. 그런 풍조에 관하여 짐멜은 이
렇게 주장했다.

> 바로 이러한 관계가 필연적으로 강한 개인주의를 만든다.
> 인간관계를 소원하게 하고, 모든 사람이 자기 성찰을 하도
> 록 이끄는 것은 다른 사람들로부터의 고립이 아니라 그들
> 과 맺는 관계이다.
>
> - 《돈이란 무엇인가》

여기서 짐멜은 돈으로 인해 생기는 타인과의 관계가 강
한 개인주의를 낳는 동시에 인간관계를 소원하게 만든다
고 지적했다. 다만 그것이 고립은 아니다. 돈만 있으면 분명

고립되지는 않는다. 돈으로 사람을 끌어당길 수 있기 때문이다. 그러나 농밀한 인간관계를 구축하기란 어렵다. 거기에 있는 것은 타인에게 무관심한 익명의 관계뿐이다.

돈이 있으면 정말 무엇이든 살 수 있을까? 그러나 이미 많은 사람이 알고 있듯 사람의 마음만큼은 살 수 없다. 돈으로 살 수 있는 것은 오로지 피상적인 것뿐이다. 아니, 이것은 사람 마음으로만 한정된 이야기가 아닐 수도 있다. 우리는 돈으로 무엇이든 사며 그 대상을 손에 넣었다고 생각하지만 어쩌면 사실 손에 넣은 것이 아닐 수도 있다. 그래서 언제까지나 만족하지 못하는지도 모른다.

짐멜 역시 돈이 초래하는 그런 병리적 측면을 지적했다.

우리는 어떤 대상에 상당하는 화폐 가치를 획득하면 마치 대상 그 자체, 즉 온전한 등가물을 소유했다는 듯 너무나 쉽게 믿어버린다. 여기에 우리 시대가 안고 있는 의심 많은 성격, 불안이나 불만의 뿌리 깊은 근거가 있는 것이 틀림없다.

– 《돈이란 무엇인가》

우리는 물건의 가격을 쉽게 믿어버리기 때문에 마치 그 물건의 가치가 그 금액과 같다고 생각한다는 이야기이다. 사실 그렇지 않을 가능성이 있음에도 말이다. 그런 사실이 조금이라도 드러나면 갑자기 의심이 생기고 불안에 빠지며 불만이 생긴다.

무엇이든 돈으로 살 수 있다는 것은 무엇이든 돈으로 환산할 수 있다는, 다시 말하자면 돈으로 표현할 수 있다는 것을 의미한다. 그러나 과연 정말 그럴까? 짐멜은 그렇지 않다고 생각했다. **돈은 어디까지나 양적인 것으로, 질적인 것이 아니기 때문**이다.

즉 무언가를 얻었다고 해도 아직 얻지 못한 질적인 부분이 반드시 남게 된다. 종종 우리가 사용하는 '값으로 매길 수 없는'이라는 표현이나 어떤 종류의 경험은 돈으로 환산하기 어렵다고 여기는 것이 그 증거이다. 그래서 돈을 내고 원하는 것을 손에 넣었더라도 항상 어떤 불안이나 불만이 남는다. 화폐가 유통되고 돈을 중심으로 세계가 돌아가게 된 근대 이후, 사람들이 막연한 불안과 함께 살아가는 처지가 된 것은 그 때문이라고도 할 수 있다.

짐멜이 말하는
돈의 본질

개인의 문제에 적용해서 말하자면 돈을 아무리 많이 갖고 있어도, 혹은 돈으로 아무리 많은 물건이나 서비스를 구매할 수 있어도 그 근본적인 불안은 사라지지 않는다. 오히려 돈에 집착하고 있는 한 불안은 증대된다고 말할 수 있다.

　그렇다면 어떻게 해야 할까? 여기서 짐멜은 돈의 본질을 생각했다. 돈은 원래 수단에 지나지 않는다. 모든 문제의 원인은 어느샌가 돈이 최종 목표라도 되는 양 변질된 데에 있다. 그래서 그는 다시 한번 돈을 수단으로서의 존재로 되돌려 놓고자 했다.

　짐멜은 "어쨌거나 돈은 최종적 가치를 향한 다리 역할에 지나지 않으며, 인간은 어차피 다리 위에서는 살아갈 수 없다"라고 이야기했다.

　이 말에는 두 가지 메시지가 담겨 있다. 첫 번째는 곧 돈은 다리이며, 그 앞에는 반드시 목적지가 있다는 것이다. 다리에 비유한 것은 매우 적절한 표현이다. 다리는 목적지를 향해 놓인 것이기 때문이다. 또한 **다리는 건너가는 곳이며 멈추는 곳이 아니다.** 즉 돈도 다리와 같아서 목적을 위한 수단이라는 뜻이다.

두 번째 메시지는 인생의 최종 목표를 다시 한번 잘 생각해 보라는 것이다. 자신이 돈을 벌거나 모으는 이유가 무엇인지, 그 이유가 애매하다면 불안이 높아질 뿐이다.

나이가 들수록 우리는 그저 불안해서 돈을 모은다. 그러나 그 행위가 오히려 불안을 증식한다. 돈을 쓰지 않고 모으기만 하다 세상을 떠날 셈인가? 남길 이유가 있느냐 하면 그렇지도 않다. 남긴 돈을 받는 사람은 좋겠으나 그것은 돈의 본질이라는 관점에서 생각하면 횡재일 뿐 교환가치로서 얻은 것이 아니다. 막대한 유산은 상속받은 사람을 오만하게 만들고 사회적으로도 빈부격차를 만들 뿐이므로 그다지 좋은 일이라고는 말하기 어렵다.

그렇게 생각하면 돈은 그때그때 목적을 위해 사용하는 편이 좋다고 할 수 있다. 나이 들었다고 해서 돈 쓰기를 너무 겁낼 필요 없이 젊었을 때처럼 의미 있게 소비하면 된다. 나도 노후에 대비해 돈을 모아야 한다는 강박관념에 사로잡혀 있었는데, 짐멜이 말하는 돈의 철학을 이해한 이후 꼭 그러지 않아도 되겠다는 것을 깨달았다.

그보다 중요한 것은 계획적인 소비이다. 인생의 마지막에 모아둔 돈을 다 쓰지 못했다고 후회하는 일이 없게, 그렇다고 돈이 궁했던 세월을 한탄하는 일도 없게, 필요한 곳에 돈을 잘 써서 그때마다 목적을 실현한 것에 만족하며 평온한 마음으로 떠날 수 있으면 좋겠다. 인생 마지막 날에 맞춰 돈을 다 쓰고 갈 수 있다면, 그것이 가장 이상적이라고 할 수 있지 않을까?

"

돈이 있으면 정말 무엇이든 살 수 있을까?

그러나 이미 많은 사람이 알고 있듯

사람의 마음만큼은 살 수 없다.

돈으로 살 수 있는 것은

오로지 피상적인 것뿐이다.

"

잠들지 못할 때는
어떻게 해야 할까?

힐티의 신의 선물

어두운 밤으로부터

밝은 아침이 찾아온다

'나이가 들면 오래 자지 못한다', '이른 시간에 잠들었다가
일찍 깬다'라는 말이 있지만 어디까지나 평균적인 이야기
이다. 만성적인 수면 문제로 고민한다는 이야기는 심심찮
게 들리고, 평소에는 괜찮다가 걱정이 있는 날에는 잠들지
못한다는 사람도 많다. 나이가 들수록 그만큼 걱정할 일도
늘어나는 법이다. 따라서 쉽게 잠들지 못하거나 깊이 잠들

지 못하는 수면의 문제로 고민하는 것은 나이의 탓만은 아니고 이렇듯 정신적 스트레스가 원인일 때가 많다.

스위스의 철학자 카를 힐티1833~1909는 《잠 못 이루는 밤을 위하여》라는 책을 냈을 정도로 수면과 불면을 깊이 고찰한 철학자이다. 그에 따르면 수면은 건강에 좋은 것을 넘어 더 큰 효과가 있다고 한다.

푹 자고 난 뒤에는 모든 일이 완전히 다르게 보여서, 전날 밤에는 마치 앞길을 가로막고 있는 거인처럼 보였던 어려운 일마저 웃어넘길 수 있게 된다.

－《잠 못 이루는 밤을 위하여》

모두 경험해 보았겠지만, **자는 것만으로도 해결되는 일은 의외로 많다.** 마치 전날 밤과는 세상이 달라진 듯한 기분이 들 때도 있다. 어쩌면 정말 세상이 달라진 것인지도 모른다. 영어 속담에 'Tomorrow is another day.'라는 말이 있는데, 정말 그 말대로 내일은 다른 날이다. 그러므로 걱정하지 않아도 된다.

그 다른 날을 가져다주는 것이 바로 수면이다. 지구가 자전과 공전을 해서 다른 상황을 만들어 내는 것은 틀림없다. 정말 어두운 밤으로부터 밝은 아침이 찾아오기 때문이다. 그러나 그것 이상으로 우리 마음속에 생겨나는 새로운 상황이 중요하다.

그렇다면 왜 자는 것만으로 앞길을 가로막았던 거인까지 웃어넘길 수 있게 되는 것일까? 그것은 마음의 리셋에 있다. 수면은 마음을 정리하게 한다. 꿈에는 그러한 기능이 있다. 말하자면 꿈속에서 소화한 뒤 매듭을 짓는 것이다. 그러므로 질 좋은 수면이 필요하다.

잠들지 못하는 데에는
이유가 있다

문제는 항상 질 좋은 잠을 잘 수 있는 것은 아니라는 점이다. 특히 쉽게 잠들지 못할 때처럼 말이다. 힐티는 이에 관하여 힌트가 될 수 있는 이야기를 했다.

편안한 잠을 자기 위한 가장 좋은 방법은 선량한 행위, 확고하게 좋은 계획, 참회, 개심, 타인과의 화해, 미래의 삶을 위한 명료하고 바람직한 결의 등이다.

－《잠 못 이루는 밤을 위하여》

푹 자기 위해서는 신경 쓰이는 일이 없어야 한다. 그러기 위해서는 힐티의 말처럼 선한 행동을 하는 것도 하나의 방법일 듯하다. 선한 행동을 한 날에는 분명 기분 좋게 잠들 수 있을 것이다. 또한 계획이 제대로 서 있으면 안심할 수 있을 터이며, 만일 나쁜 일을 저질렀더라도 제대로 반성하고 마음을 고쳐먹었다면 평온해질 수 있다. 인간관계는 가장 신경 쓰이는 부분이기에 화해가 필요하다. 무엇보다 미래의 삶이 걱정된다면 안심하고 잠들 수 없다. 그래서 마지막에 나온 '결의'가 가장 중요해 보인다.

잠을 잔다는 것은 그날 하루에 마침표를 찍는 것과 같다. 그것은 '이제 이만하면 됐다'라고 생각할 수 있는 상태를 가리킨다고 볼 수 있다. '이만하면 됐다'라는 마음이 바로 결의이다. '오늘은 여기까지, 내일은 이렇게 해야겠다'라고 생각하는 결의이다.

반대로 말하자면 왠지 잠들지 못하는 때란 그 결의가 모호한 때인지도 모른다. 스스로 결의했다 생각하더라도 마음 깊은 곳에서는 무언가가 신경 쓰이는 상태이다. 그런 때는 어떻게 해야 좋을까? 힐티의 조언은 매우 역설적이다. **자지 않아도 된다**는 것이다.

자는 것을 권장하는 책에서, 자지 말라고 말하는 이유는 대체 무엇일까? 힐티가 말하고자 한 바는 **억지로 잠들려 애쓰지 말고 오히려 잠 못 이루는 밤을 활용하라**는 이야기이다. 실제로 잠 못 이루는 밤에 자기 평생의 결정적인 통찰이나 결단을 이뤄내는 사람이 많다.

힐티는 자신 있게 이렇게 단언했다.

그러므로 잠 못 이루는 밤을 오히려 신의 선물로 보는 것이 언제나 옳은 태도이다. 이를 활용해야 하며, 무턱대고 거스르려 해서는 안 된다.

－《잠 못 이루는 밤을 위하여》

잠을 이루지 못할 때는 억지로 잠들려고 애쓰지만 좀처럼 잘 되지 않는다. 잠들지 못하는 데에는 이유가 있기 때문이다. 그렇다면 오히려 그것을 인생의 전환점으로 삼아 적극적으로 활용하면 된다.

생각해 보면 내가 철학자가 되기로 마음먹은 순간도 그렇게 잠들지 못한 밤이었다. 당시 낮 동안에는 일하면서 저녁에는 대학원에 다니고 있었다. 몇 년인가 그런 생활을 계속하는 사이에 철학을 연구하고 싶은 마음이 싹텄다. 그러나 생각할수록 그것은 쉬운 일이 아니었다. 철학자로의 길은 낮 동안 다른 일을 하면서 목표로 할 수 있을 만큼 만만한 일이 아니기 때문이다.

주위의 반대에 부딪혀 포기하려 한 그날 밤이었다. 잠자리에 들어간 뒤로도 몇 시간이나 잠들지 못하다가 다시 책상 앞에 앉아 인생 계획을 세우기 시작했다. 그리고 역시 철학자가 되어야겠다고 마음먹었다. 그에 따른 여러 세세한 문제는 있었지만 그럼에도 그 방향으로 나아가겠다고 결정했다.

지금 당신의 고민을
들어줄 사람은 누구인가

힐티도 이렇게 잠들지 못할 때는 어느 방향으로 나아가야 할지 생각하는 시간으로 삼으라고 말했다. 흥미로운 것은 이때 자기 자신에게 의논해서는 안 된다고 말한 점이다. 이미 갈피를 잡지 못하고 있는 자신에게 아무리 질문을 던져도 답은 나오지 않는다. 스스로 생각하면서도 자신에게 의논하지 말라는 이야기는 언뜻 모순으로 보이지만 정곡을 찌른 충고이다.

그렇다면 누구에게 의논해야 하는가? 부모, 형제자매, 친구, 연인과 같이 자신을 아껴 주는 사람들이다. 그렇다고 한밤중에 그 사람들에게 연락하라는 뜻은 아니다. 그런 사람들에게 의논하듯이 스스로 생각하라는 의미이다. 그러므로 이미 돌아가신 분을 생각해도 좋다. 나의 경우 할머니를 생각한다. 나를 키워주신 할머니는 늘 인생 상담을 해주셨다. 철학자로의 길을 고민하던 그때도 할머니의 말씀을 떠올렸다. 할머니는 내가 인생의 갈림길에 설 때마다 괜찮다고, 잘할 수 있다고 항상 격려해 주셨다.

나이가 들면 의논할 상대도 점점 줄어든다. 그러나 마음속에는 자신을 사랑하고 아껴 주는 사람들이 영원히 살아 있을 테다. 나는 지금도 돌아가신 할머니에게 질문을 하고 격려를 받는다.

나를 아끼는 사람들은 내 질문에 최대한 자기 일처럼 생각해서 답을 해준다. 나에게 반드시 유익하게 작용하면서도 내가 상처받지 않을 만한 충고를 해줄 것이 틀림없다. 그러나 누구나 그와 같은 사람을 마음속에 떠올릴 수 있지는 않을 것이다. 힐티는 그럴 때 좋은 책이 도움이 될 수 있다고 말했다. 설령 직접적인 답은 얻을 수 없어도 무언가 힌트가 될 만한 것을 얻을 수 있다. 그러므로 머리맡에는 즐겨 읽는 책을 놓아두는 것을 권한다.

우리가 고민할 때 사실 답은 이미 나와 있다. 그러나 그 답을 선택한 스스로가 보이지 않을 뿐이다. 그래서 그것을 깨닫게 해줄 누군가가 필요한데, 그것이 책의 역할 중 하나라고 할 수 있다. 책은 자기 마음을 비추는 거울이기 때문이다.

지금 나에게는 의논 상대가 되어 주는 몇 권의 철학서가 있다. 특히 인생을 주제로 한 수필 형식의 철학서에는 용기를 주는 말들이 넘쳐난다. 선택의 기준은 놀라움을 선사하는 문장들 몇 개가 있느냐 없느냐이다. 만약 그런 글들이 있다면 그것은 깨달음을 전해 줄 책이라는 증거이다. 물론 힐티의 책도 그중 하나가 될 것이다. 그리고 이 책 또한 누군가의 잠 못 드는 밤의 결단에 도움이 되기를 바란다.

끝없는 절망 속에서도
희망을 놓지 않는 힘

미키 기요시의 인생론

인간은 살아있는 한
희망한다

나는 오래전부터 '철학 카페'라는 활동을 주최하고 있다. 하나의 철학적 주제에 관해 여러 사람이 모여 깊이 있게 생각하는 활동으로, 종종 카페나 공공장소에서 진행자 역할도 하며 대화를 이끌었다. 어느 시점부터 더 많은 사람과 다양한 주제로 이야기를 나누고 싶다는 생각에 영화관이나 외딴섬, 주간 보호 센터 등의 공간에서도 철학 카페를

열었다.

주간 보호 센터에서 진행했을 때의 이야기 주제가 마침 희망이었다. 참가자는 주간 보호 센터에 다니는 어르신들이었다. 그분들은 희망을 품는 것의 중요성에 관해 입을 모아 말하면서, 희망이 곧 삶의 원동력이라고 이야기했다. 물론 각자의 희망은 천차만별이었지만 희망이 없는 사람은 없었다. 인간은 살아있는 한 희망을 품고 있는 존재일지도 모른다고, 당시에 새삼 그렇게 느꼈던 것을 기억한다.

당신은 어떤 희망을 품고 사는가? 누군가는 삶에 희망이 없다고 말할 수 있다. 희망이란 미래에 대한 여러 가지 밝은 기대를 말하는데, 철학자 미키 기요시1897~1945는 희망과 삶을 겹쳐서 생각한 인물이다. 미키 기요시는 그의 저서 《인생론 노트》에서 '희망'을 언급하며 이렇게 이야기했다.

인생이 운명이듯 인생은 희망이다. 운명적 존재인 인간에게 있어 살아 있다는 것은 곧 희망을 품고 있다는 것이다.
　　　　　　　　　　　　　　　　　　　　　　　-《인생론 노트》

인생에는 우연과 필연이라는 두 요소가 있다. 사람은 그것을 운명이라고 부른다. 그런 의미에서 인생은 운명이라고 말할 수 있다. 한편 희망이란 우연성에 내맡겨진 인간이 그럼에도 절대 사라지지 않고 필연으로서 계속 존재한다는 것을 의미한다. 희망은 운명과 닮아 있다. 따라서 미키는 인생은 운명인 것처럼 또한 희망이기도 하다고 결론지었다.

그런 이야기를 들으면 나도 항상 '어떻게든 될 거야' 혹은 '기적이 일어날 거야'와 같은 희망을 품고 살아온 듯하다. 누구나 그렇지 않을까? 앞서 주간 보호 센터의 어르신들도 그랬다. 설령 아무리 심각한 병에 걸렸더라도, 아무리 고독하더라도, 이제 여생이 얼마 남지 않았음을 알더라도 말이다.

그러나 그의 말에 따르면 희망은 그저 바라는 것과는 다르다. 무엇인가를 얻고 싶다든지 되고 싶다고 생각하는 것은 단순한 바람이며, 그것은 욕망이나 목표 또는 기대와 다르지 않다는 것이다. 그렇다면 희망은 무엇이 다를까? 그것은 소멸의 여부이다. 욕망도 기대도 소멸하는 때가 있다. 그러나 **희망은 절대 소멸하지 않으며 살아 있는 한 남아 있다.** 왜냐하면 인생과 희망은 같은 것이기 때문이다. 반대로 말하자면 희망이 사라졌을 때 사람은 죽어 버리는 것인지도 모른다.

그러므로 희망은 사라지는 것이 아니라 항상 만들어 가는 것이라고 할 수 있다. 없으면 만들면 된다. 희망이 마음의 산물인 한 물질적 재료는 필요치 않다. 자기 기분에 따라 얼마든지 만들 수 있다. 그래서 그는 **희망은 생명을 형성하는 힘이며 우리 존재는 희망으로 완성에 이른다**고 말했다. 희망을 만들어서 생명을 형성해 간다. 희망은 형성하는 힘, 바꿔 말하면 삶을 위한 추진력이라고도 할 수 있다.

희망은 단념할 줄 아는
힘에서 나온다

그렇다면 대체 사람은 어떤 방법으로 희망을 만들어 낼 수 있을까? 그것은 미키 사상의 근본인 구상력이라는 개념을 이해하면 알 수 있다. 그가 말하는 구상력은 로고스(논리적 언어)와 파토스(감정)의 근원에 있으며, 양쪽을 통합하여 형태를 만드는 작용이라고 설명할 수 있다. 즉 인간이 때에 따라 논리적으로 생각하거나 감정에 맡겨 무엇인가를 추구하는 행위, 그것이 바로 구상력이라는 뜻이다.

따라서 희망을 형성할 때도 우리는 우선 감정에 맡겨 앞으로 나아감과 동시에 논리적 사고를 통해 현실을 직시할 수 있다. 그렇지 않으면 앞으로 나아갈 수 없다. 희망의 목적은 살아가는 것이므로 앞으로 나아가는 것이 중요하다. 비록 표면상으로는 포기한 것처럼 보이더라도 말이다. 그는 그것을 '단념'이라는 역설적 단어로 표현했다.

단념을 진정으로 이해하는 사람만이 진정한 희망을 가질 수 있다. 어떤 것도 단념하지 않고자 하는 이는 진정한 희망도 품을 수 없다.

– 《인생론 노트》

분명 물리적으로 어려운 일에 관해서는 단념해야 앞으로 나아갈 수 있다. 희망을 단순한 이상으로 끝낼지, 살아가기 위한 추진력으로 활용할지는 단념할 수 있느냐 아니냐에 달렸다는 말이다. 사실 미키는 그 자신이 아내와의 사별, 스캔들로 인한 직업적 좌절, 사상범으로서 검거당하는 일까지 겪으며 전쟁이라는 상황 속에서 번민하면서도 어떻게든 살아가고자 몸부림친 철학자였다. 그렇기에 단념과 희망을 연결할 수 있었을 것이다. 단념은 결코 실패나 불행이 아니라는 점을 알았기 때문이다.

지금 당신의 희망은
무엇인가

《인생론 노트》에서 그는 성공이라는 주제도 다뤘다. 책에서 그는 성공하지 못한 것이 곧 불행은 아니라는 점을 강조했다. 인생은 모험과 같아서 필연적으로 성공하기도 하고 성공하지 못하기도 한다. 인생은 이를 모두 다 아우른 것으로, 만약 성공만이 인생이고 행복의 근원이라면 인생은 무척 따분한 것이 되지 않겠느냐는 이야기이다. 그는 성공제일주의자의 인생을 날카롭게 풍자했다.

스트레버Streber. 이 독일어로 가장 적절하게 표현되는 종류의 성공제일주의자야말로 속물 중의 속물이다. 다른 부류의 속물은 때로 변덕을 부려 속물이기를 그만둔다. 그런데 이 노력가형의 성공제일주의자는 결코 궤도를 벗어나지 않으며 그만큼 속물로서 완전하다.

　　　　　　　　　　　　　　　　　－《인생론 노트》

'성공만을 목표로 하며 그것만을 좇아 노력하는 인생이야말로 완전한 속물이다'라고 말한 것이다. 그런 사람은 한 번 실패하면 거기서 인생이 끝나 버린다. 그것 외에 인생을 지탱할 만한 것이 없기 때문이다. 단 한 번의 실패 없이 출세만 거듭했다 해도 희한하게 그런 인생은 가련해 보일 때가 있다. 그런 인생 역시 인생의 풍요로움이 결핍되어 있기 때문이지 않을까.

사람은 실패에서 배운다. 실패하면 안 된다고 생각하기 쉽지만 그렇지 않다. 미키는 성공하지 못한 것은 문제가 아니라고 말했는데, 애초에 실패란 부정적인 것이 아니다. 그저 인생에는 뜻대로 풀리지 않는 일이 있다는 것뿐이다. 그 풀리지 않는 일 몇 가지를 경험하고 나서야 인생은 비로소 펼쳐진다고 나는 생각한다.

바꿔 말하면 **단념한 횟수가 많을수록 그만큼 진리에 다가갔다**는 뜻이다. 그가 말한 대로 단념은 포기가 아니라 진심으로 자신이 원하는 것, 즉 희망의 정수를 걸러낼 방법인지도 모른다. 그것을 깨닫고 실천한 사람만이 환희 속에서 인생을 마무리할 수 있을 것이다. 이 경우의 죽음은 희망을 잃어 원통한 죽음이 아니라 희망과 공존한 죽음이라고 할 수 있다.

미키 기요시는 그러한 경지에 이르렀다고 볼 수 있다. 전시에 치안유지법을 위반한 지인을 숨겨 줬다는 이유로 투옥된 그는 이후 옥중에서 병사했다. 아마도 병상에서 그는 모조리 단념할 수밖에 없는 상황에 몰려도 철학만큼은 할 수 있다는 것과, 그것이 곧 자신의 희망이라는 사실을 깨닫지 않았을까? 그가 마지막 순간에 정말 그렇게 생각했는지는 확실치 않다. 마흔여덟이라는 젊은 나이에 사망했기 때문이다.

그러나 마지막의 마지막까지 그는 사색을 계속했을 것이 틀림없다. 그렇게 죽는 순간까지도 사색하는 것은 가능했기 때문이다. 바로 그것이 희망의 대상이다. 인생을 빛낼 수 있는 것은 각자가 품은 희망의 빛뿐이다. 그러므로 자신에게 지금 무엇이 희망인지 생각하는 일보다 중요한 것은 없다.

인생의 궁극적 행복은
어디에 있는가

아리스토텔레스의 에우다이모니아

당신의 삶에는

어떤 쾌락이 있는가

당신에게 삶의 보람이라고 할 만한 것은 무엇인가? 누군가
는 취미, 또 누군가는 가족과 보내는 시간이라고 말할 것
이다. 무엇이 되었든 삶의 보람이 있는 사람은 충만한 인생
을 보낼 수 있다.

고대 그리스의 철학자 아리스토텔레스BC 384~BC 322는
인생의 궁극적인 목적으로 '에우다이모니아Eudaimonia'라고

하는 개념을 창안했다. 에우다이모니아는 실질적인 삶의 보람이라고 생각할 수 있다. 보람은 가치를 뜻하므로, 다시 말해 인생에서 보람이 있는 사람은 인생의 가치를 알고 있다는 뜻이 된다. 그러나 무엇에 가치를 매길지는 사람마다 다르므로, 자기 인생의 보람은 각자가 발견해야 한다. 미리 얻으려 해도 누군가에게 물려받을 수 있는 것이 아니다.

그렇다면 자신에게 삶의 보람이 되는 것, 인생의 가치를 대체 어떻게 찾을 수 있을까? 쉽게 떠오르는 것은 나에게 쾌락을 느끼게 해주는 것을 가져야겠다는 생각이 될 수 있다. 아리스토텔레스는 대중에게 있어서의 행복은 곧 쾌락이라고 말했다. 그리고 그러한 대중의 삶을 다음과 같이 세 가지로 분류했다.

> 그들이 향락적인 삶을 좋아한다고 말할 수 있는 이유이다. 삶의 유형으로는 크게 세 가지를 들 수 있는데, 방금 말한 향락적 삶과 정치적 삶과 세 번째로 관조적 삶이 있다.
> — 《니코마코스 윤리학》

향락적 삶에는 물질적 쾌락이 요구된다. 정치적 삶이란 사회생활을 뜻한다고 보면 되는데 그것에서는 명예나 덕성의 획득을 원한다고 볼 수 있다. 관조적 삶이란 이해하기 조금 어려울 수 있지만, 지성을 이용하여 앎을 추구하는 삶을 말하며 철학이 바로 그 전형이다. 따라서 관조적 삶에 요구되는 것은 아는 기쁨이다.

인생은 에우다이모니아를 찾는 여정이다

그러므로 삶의 분류에 따른 쾌락을 손에 넣을 수 있다면 누구나 행복감을 느낄 수 있다는 이야기이다. 그러나 그런 삶에서 얻는 쾌락은 어디까지나 찰나적인 행복으로 삶의 보람과는 다르다. 쾌락은 영속적이지 않다. 그리고 만약 그것이 영속적이라 해도 정말 그것만으로 삶의 가치를 느낄 수 있을지는 다른 문제이다.

바꿔 말해 쾌락이 영속적이고 그 쾌락의 영속이 삶의

가치라고 진심으로 생각하는 사람이 있다면 그 사람에게 는 그것이 삶의 보람이 될 수 있다. 그러나 그것은 어디까 지나 그 사람의 삶의 보람이므로, 그것을 보편적인 삶의 보 람이라고 정의할 수는 없다.

여기서 참고할 수 있는 것이 아리스토텔레스가 쾌락과 비교하여 설명한 중요 개념, **에우다이모니아**이다. 이 말도 행복으로 번역되는데, 앞서 나온 찰나적인 행복과는 질이 다르다고 볼 수 있다. 아리스토텔레스는 이렇게 말했다.

남은 것은 에우다이모니아(행복)에 관해 개략적으로 살펴 보는 일이다. 우리는 이것을 인간이 하는 모든 행위의 궁 극적인 목적으로 규정했기 때문이다.

－《니코마코스 윤리학》

식사는 건강을 위해, 건강은 좋아하는 일을 하기 위해, 좋아하는 일을 하는 것은 좋은 인생을 보내기 위해, 좋은 인생을 보내는 것은……. 이런 식으로 거슬러 올라가면 궁 극적인 목적이 보인다. 무엇에서 시작하든 마지막은 같은 곳에 도달할 것이다. 그것이 바로 에우다이모니아이다.

비교해 보자면 행복에는 등급이 있다. 어떤 것이 있으면 행복하다고 느낀다 해도, 그 위에 더욱 높은 등급의 행복이 있는 경우에는 그 행복을 손에 넣지 않는 한 행복해질 수 없다. 그 위 등급의 행복이 무엇에 해당할지는 저마다 다르지만, 스스로 그렇게 느껴 버린 이상 삶의 가치를 알기 위해서는 그것을 획득할 필요가 있다.

그리고 이보다 나은 것은 없으며 이것이 최상이라고 생각할 수 있다면 그 사람은 삶의 보람을 획득한 셈이 된다. 이들은 주변 환경에 휘둘리지 않고 주체적으로 살아갈 수 있다. 다른 사람이 뭐라고 말하든, 무슨 일이 일어나든 상관없이 말이다.

나에게 삶의 보람은 철학을 하는 것이라고 깨달은 순간부터 드디어 나답게 살 수 있었다. 30대 중반의 일이었다. 이후 하루하루 행복하게 지내고 있다.

타인과 연결될 때

삶의 보람은 커진다

물론 인생의 어느 시점에 인생의 가치가 바뀌는 일이 있을 수 있다. 그런 경우에는 다시 가장 위 등급의 행복을 손에 넣어야 한다. 이렇게 말하면 마치 끝이 없는 일처럼 여겨질 수 있지만, 그토록 쉽게 위 등급의 행복이 발견된다면 그것은 사실 삶의 보람이 아니었는지도 모른다. 그럼에도 그것이 자기 삶의 보람이라고 착각했을 수 있다.

그러니 정말 그 행복이 자신의 삶을 이끄는 중요한 가치인지 아닌지 종종 되새길 필요가 있다. 판가름하기는 어렵지만 아리스토텔레스가 시간에 관해 한 말이 하나의 힌트가 될 수 있다.

> 또한 행복은 한가로운 삶에 존재한다고 할 수 있다. 우리가 바쁘게 일하는 이유는 한가로운 삶을 누리기 위함이며, 전쟁하는 이유는 평화로운 삶을 누리기 위해서이다.
>
> ─《니코마코스 윤리학》

한가함이란 시간적 여유를 말한다. 여기서 알 수 있는 것은 삶의 보람을 발견하려면 시간이 필요하다는 사실이다. 시간을 들이면 되새길 시간도 늘어난다. 다른 찰나적인 행복과 비교하며 정말 그것이 궁극의 행복인지 아닌지 판가름할 수 있다. 당시에는 행복이라고 여겼지만, 지나서 생각하면 그렇지 않았던 경험이 누구에게나 있을 것이다. 그런 과정을 겪으며 흔들리지 않는 행복이 있다는 것을 깨닫게 된다.

물론 그 행복이 영속한다는 의미는 아니며 그럴 필요도 없다. 살다 보면 가치관이나 자신을 둘러싼 환경도 바뀌기 때문이다. 그러므로 인생의 가치가 몇 차례씩 바뀌는 것은 어쩔 수 없는 일이다.

적어도 청년기의 보람과 노년기의 보람은 달라질 수 있다. 청년기에는 남은 날이 많다 보니 필연적으로 삶의 보람이 꿈과 겹치고는 한다. 무엇인가를 달성하는 일이 삶의 보람이 된다. 이에 반해 노년기에는 젊은 시절과 비교해서 할 수 있는 일에 제약이 생긴다. 그러면 타인에 대한 희망이 삶의 보람이 되고는 한다. 특히 다음 세대를 향한 기대가 즐거움이나 목표가 되기도 한다. 나이 든 사람이 때로 손주의 성장이 삶의 보람이라고 말하곤 하는 것도 그런 이유에서일 것이다.

이러한 과정에서 자기로부터 타인으로의 전환을 발견할 수 있다. 아리스토텔레스도 지적한 사실인데, 에우다이모니아란 결코 이기적인 것이 아니다. 노년기에 이르지 않아도 본래 공동체로 살아가는 인간은 자기의 행복을 타인의 행복과 연결해서 생각하고, 또 연결할 수밖에 없다.

불행한 사회에서 과연 자신만 행복할 수 있을까? 가난에 헐떡이는 사람들이나 전쟁으로 상처받는 사람들이 있는데 자기만 행복하다며 기뻐할 수 있을까? 아마도 아닐 것이다. 그래서 진정한 삶의 보람은 사회적인 것이 된다. 누구나 자신이 속한 사회에 보탬이 되었을 때 삶의 보람 같은 것을 느끼지 않는가. 사회의 혜택을 받으며 살아온 나이 든 사람들의 대부분은 분명 그렇게 생각할 것이다.

그러므로 노년기의 삶의 보람은 사회를 조금이라도 좋게 만드는 방향으로 이어진다. 은퇴해서 시간이 남기 때문에 지역 봉사활동을 하는 것도 아니고 나이가 들어 인격

자가 되었기 때문에 공익에 관심을 두는 것도 아니다. 자신
이 살고 있는 사회에 공헌하는 일이 삶의 보람이 되기 때
문이다.

"

자기 인생의 보람은

각자가 발견해야 한다.

미리 얻으려 해도

누군가에게 물려받을 수 있는 것이 아니다.

"

5장

죽음

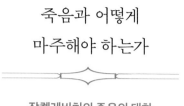

죽음과 어떻게
마주해야 하는가

장켈레비치의 죽음의 대화

얼버무림의 태도로
죽음을 맞이하라

나이가 든 다음에는 무엇이 올까? 그것은 바로 죽음이다. 나이 듦을 부정적으로 인식하는 것은 몸과 마음의 쇠퇴 때문이라기보다 죽음이라는 인생의 가장 큰 수수께끼가 다가오는 시기이기 때문인지도 모른다. 우리는 죽음을 어떻게 마주해야 할까?

프랑스의 철학자 블라디미르 장켈레비치1903~1985는 일부러 죽음이 무엇인지 결론지으려 하지 말고 얼버무리며 넘기는 편이 좋다고 했다.

그렇다면 죽음이란 무엇일까? 장켈레비치는 다양한 각도에서 죽음을 조명하며 어렴풋하게나마 이 커다란 수수께끼의 실체를 드러내고자 애쓴 철학자이다. 그가 죽음에 관해 이야기한 대담집 《죽음에 대하여》에는 그러한 죽음의 의미가 철학적으로 표현되어 있다. 예를 들어 '연속과 불연속에 관한 형이상학적 문제', '현대의 부재로의 이행', 그리고 '인간 운명의 가장 큰 수수께끼'처럼 말이다.

그렇게 죽음이란 모순이며 부재이고 수수께끼이다. 이렇게 살아있는데 죽어야 하고 존재도 사라져 버린다. 게다가 그것이 왜 일어나야만 하는지 누구도 알지 못한다. 그것이 죽음이다. 그렇기에 살아 있는 인간에게 죽음은 어디까지나 삶을 위한 개념일 수밖에 없다. 그렇지 않으면 살아 있는 의미를 알 수 없기 때문이다. 장켈레비치는 그러한 죽음에 대한 태도를 '얼버무림'이라고 표현했다.

네, 저는 끝임없이 저에게 얼버무리고 있어요. 그래야만 죽음을 삶 속에서 생각해 볼 수 있기 때문이죠. 우리는 죽음에 대해 끝까지 파고들어 알아내려 하지 않아요. 그것은 자기를 보호하는 일종의 어림셈이라고 할 수 있습니다.

－《죽음에 대하여》

답 없는 수수께끼에 말려들면 자신을 괴롭히게 될 뿐이다. 그것은 삶에 방해가 된다. 그러므로 우리는 죽음을 얼버무려야 하며, 이는 자신을 보호하기 위한 방어기제로써의 어림셈이라는 뜻이다. **죽음을 대강 수용해 두는 것**. 딱 떨어지는 결론을 내려고 해서는 안 된다.

죽음은 명쾌하게 결론지을 대상이 아니라 회피의 대상이다. 모두가 죽음을 눈앞에 두고도 아무런 근거 없이 자신에게만은 그런 일이 일어나지 않을 것이라고 믿지 않는가. 장켈레비치는 그것을 '**타인에게 죽음을 미루는**' 행위라고 말했다. 죽음을 남의 일로 전가하는 것이다.

마지막의 마지막까지
미래를 포기하지 않기

죽음은 언제나 누군가의 죽음인 것이다. 그러는 동안 죽음
과 진지하게 마주할 일은 없다. 그러나 자신에게 죽음이 뻗
쳐 올 때 이야기는 달라진다. 지독한 고통 탓에 죽음을 의
식할 수밖에 없는 경우이다. 안락사는 그중 한 경우라고
말할 수 있다. 장켈레비치는 안락사에 관해서도 과감하게
의견을 펼친 흔치 않은 철학자이다.

　장켈레비치의 말에 따르면 안락사는 자살과는 다르며
어디까지나 의사의 양심에 달린 문제라고 말했다. 대부분
안락사는 의사에 의해 행해지기 때문이다. 그러나 원래 의
사의 본분은 생명을 구하는 것이다. 이 부분에서 그는 사
람의 생명에 관하여 **'아직 죽지 않은 한, 사람은 살아 있
다. 마지막 1초까지 그러하다'**라고 강하게 주장했다. 즉 사
람의 생명을 보호해야 하는 의사는 끝까지 포기해서는 안
된다는 뜻이다. 거기에는 시간과 미래에 관한 신념이라고
할 수 있는 그의 사상이 드러나 있다.

원칙적으로 저는 안락사에 찬성합니다. 그러나 모든 경우의 안락사에 찬성한다고 하는 것은 시간이 가진 힘 그리고 미래의 개방성 및 가능성의 의미를 간과하는 것입니다.

―《죽음에 대하여》

장켈레비치는 이같이 현실적인 관점으로 안락사를 긍정하면서도 마지막까지 시간과 미래에 희망을 품어야 한다고 주장했다. 사회는 시간과 미래의 개방성을 믿어야 한다는 말이다. 사람은 시간 속에서 살고 있으며 어떤 질병이든 항상 미래에는 치료될 가능성이 열려 있다. 따라서 만약 우리가 질병의 고통 속에 있거나 절망에 빠져 안락사를 선택한다고 해도 끝까지 고민하기를 멈추어서는 안 된다.

이렇게 안락사를 생각해야만 하는 상황은 죽음이 자신에게 선택지 중 하나가 되어 있는 때이므로, 매우 드문 비상사태이다. 그에 비해 죽음이 아직 다가오지 않은 평범한 날들을 보낼 때는 마치 자신과 죽음은 아무 상관도 없다는 듯 행동하고 얼버무리며 넘어간다. 이것이 인간다운 삶의 방식이다.

어쩌면 안락사를 선택지 중 하나로 머릿속에 떠올리며 죽음을 각오한 사람들조차 얼버무리고 있는지도 모른다. 안락사뿐 아니라 중병에 걸려 시한부 선고를 받고 죽음을 받아들일 수밖에 없는 사람도 마찬가지이다.

단 이 같은 사람에게 필요한 얼버무림은 죽음을 없는 것처럼 여기는 것이 아니라 죽음이 결코 고통이나 공포를 동반하지 않는 것처럼 여기는 것이다. 자신에게 죽음이 다가왔을 때는 더 이상 죽음을 남의 일로 대충 넘길 수 없다. 그런 경우에는 오히려 죽음을 마주하고 그것과 잘 공존해야만 한다.

죽음과 어떻게
공존해야 할까?

그렇다면 죽음이라는 가장 큰 수수께끼, 말하자면 실체를 파악하지 못한 공포를 앞에 두고 어떻게 그 공포를 지울 것인가. 인간은 그 방면으로 여러 노력을 해왔다고 볼 수 있다.

장켈레비치는 죽음을 밝은 것으로 다루어 수용하려는 멕시코 문화나 죽은 사람을 마치 살아있는 듯 대하는 미국의 장례 문화를 예로 들었다. 그들은 모두 죽음과 함께 살며 죽음에 친숙해지는 것을 목표로 하고 있다. 장켈레비치는 그 목적이 모두 죽음에의 불안을 지우기 위한 것이라고 말했다.

> 인간은 죽음에 대해 지나치게 많이 생각하다 불안이 높아지면 가까이 다가온 죽음에 막연한 두려움을 느끼고, 반대로 이에 친숙해짐으로써 불안을 없애려 합니다.
>
> ─《죽음에 대하여》

죽음을 밝고 떠들썩한 것으로 만드는 과정을 통해 사람은 두려움 없이 죽음을 마주할 수 있다는 것이다. 이것은 마치 죽음을 회피하는 모습으로 보이지만 전혀 그렇지 않다. 평소 죽음에 대해 얼버무리듯이 죽음을 우스꽝스럽고 떠들썩하게 만들어 버리는 것 또한 사람이 살아가기 위한 기술이다.

장켈레비치가 죽음은 가장 큰 수수께끼라고 말했을 때 이미 그것은 '어떻게 풀어야 하느냐'가 아니라 '어떻게 그 수수께끼와 공존할 것인가'라는 주제로 전환되었다. 운명적으로 죽음이 정해져 있는 우리 인간은 죽음과 어떻게 공존해 갈지를 생각해야만 하며, 그 이상을 생각할 필요는 없는지도 모른다. 죽음이란 수수께끼를 푸는 일은 불가능하기 때문이다.

그렇다면 철학자는 왜 죽음을 이야기하고 죽음의 본질을 밝히려고 애를 쓸까? 종교의 경우 사람이 죽음과 공존하기 위한 논리를 제시하는 역할을 한다. 사람은 종교에 몸을 의탁함으로써 죽음에 관해 더 생각할 필요가 없어진다. 또는 죽음을 이해의 연장선상에 위치시킬 수 있게 된다. 마치 이 삶이라는 세계 이후에는 이름만 다른 죽음이라는 세계가 준비된 것처럼 말이다.

그러나 철학은 다르다. 적어도 철학자의 동기는 사람이 죽음과 공존할 수 있게끔 이해하기 쉬운 이야기를 지어내는 데에 있지 않다. 죽음은 경험할 수 없으므로 그것을 아는 이가 없기 때문이다. 모든 일의 본질을 탐구하는 철학자들이 고작 거짓을 말하기 위해 일부러 괴로워하며 머리를 쥐어짜지는 않는다.

단지 철학은 어디까지나 죽음에 대한 오해를 풀고자 할 뿐이다. 거짓을 싫어하는 철학자들은 세상에 퍼져 있는 죽음에 관한 거짓과 의심 그리고 실수를 백일하에 드러내려 한다. 그렇게 되면 죽음을 두려워할 사람이 늘어날 수도 있지만, 반대로 죽음을 지나치게 두려워하던 사람에게는 도움이 될 수 있을 것이다. 게다가 죽음에 관한 헛된 이야기에 속아 많은 돈을 잃는 사람도 있는데, 철학이 그런 사람들을 구할 수 있다.

그런 의미에서 철학자의 사명이란 죽음이라는 가장 큰 수수께끼와 마주하는 것이다. 어차피 죽음을 피해 지나갈 수 없다면, 그리고 나이 들어감에 따라 점차 죽음을 맞이할 시기가 다가오고 있다면 두려워하지 않고 맞받아치겠노라 생각하는 사람들을 위해 죽음의 철학이 존재하는 것 아니겠는가.

좋은 죽음을
맞이하려면

알폰스 데켄의 생사학

우리는 모두

잘 죽기 위해 태어났다

일본에서는 인생의 마지막을 준비하며 슈카쓰•를 시작한
다. 슈카쓰는 남은 가족들의 부담을 줄이기 위함도 있지만
자신의 남은 인생과 마지막 시기를 유익하게 보내기 위한
준비이기도 하다. 그렇다면 사람은 이러한 인생의 정리를

• 장례 준비, 유산 상속 등을 포함하여 자기 인생을 돌아보고 삶을 정리하는
일본의 문화이다.

언제부터 시작할까? 물론 스스로 죽음을 의식한 때이겠지만, 그것이 언제겠느냐는 말이다. 아마도 시한부 선고를 받으면 곧장 죽음을 준비할 것이다. 아니 어쩌면 그럴 정신이 없을지도 모르겠다. 사람은 언젠가 죽는다는 사실을 알고 있으면서도 좀처럼 받아들이지 못하기 때문이다.

좋은 죽음을 맞기 위해서는 무엇이 필요할까? 알폰스 데켄1932~2020은 일본 조치대학에서 학생들을 가르치며 생사학生死學의 개념을 널리 알린 독일인 철학자이다. 생사학의 선구자로 불린 데켄 그 자신도 암 선고를 받고서는 죽음의 공포를 느꼈다고 한다. 거의 매일 죽음을 받아들일 필요성과 그 방법에 관해 이야기하는 인물조차 막상 자신이 당사자가 되면 주춤거리게 되니, 하물며 평범하게 생활하고 있는 우리가 죽음을 받아들이기란 매우 어려운 일이다.

슈카쓰를 시작하는 것은 어떤 의미로는 자기의 죽음을 받아들이는 것이라고 할 수 있다. 이를 계속 미루다 보면 죽음과 마주할 기회를 잃는다. 그런 과정을 거치지 않은 채 갑작스럽게 죽음을 맞게 되면 사랑하는 가족과 주변 사람들에게 폐를 끼치게 된다.

애초에 슈카쓰를 위한 것이라는 좁은 목적을 넘어 자기 죽음과 마주하는 일에는 더 커다란 의미가 있다. 데켄은 자신이 확립한 생사학 또는 죽음의 철학을 통헤 그 사실을 강조해 왔다. 그는 저서《좋은 죽음을 맞으려면より良き死のために》에서 다음과 같이 말했다.

> 죽음에 관한 의식을 배제한 사고思考는 언뜻 삶을 강조하는 것으로 생각될 수 있다. 그러나 사실은 그렇지 않다. 죽음과 함께 삶에 관한 의식도 희미해질 위험을 안고 있다.
>
> —《좋은 죽음을 맞으려면》

죽음을 의식하지 않고 사는 것은 언뜻 긍정적이고 바람직한 것으로 보일 수 있지만, 실은 삶에 관한 생각까지 회피하는 것과 같다. 삶과 죽음은 마치 한 몸과 같기 때문이다. 데켄의 말처럼 일련의 것이라고 표현하는 편이 옳을까. 그는 죽음을 삶의 궁극적인 도달점으로 보았다. **열심히 산 결과 우리를 맞아 주는 것이 바로 죽음이기 때문**이다.

오해를 무릅쓰고 말하자면 우리는 죽기 위해서 태어났

다. 만족스럽게 죽기 위해 말이다. 데켄도 예로 든, 구로사와 아키라 감독의 영화 〈살다〉는 이를 잘 보여 준다. 그는 이 영화를 보러 몇 번이나 극장에 갔다고 한다. 주인공은 소극적인 태도로 살던 무사안일주의자였는데, 어느 날 자신이 암에 걸려 곧 죽는다는 사실을 알게 된 후 열심히 살기 시작한다. 그리고 자신이 해야 할 일을 다 마친 후 만족스럽게 죽는다는 내용이다.

좋은 죽음과 나쁜 죽음 중
당신은 무엇을 택하겠는가

그렇다면 만족스럽게 죽기 위해서 우리는 무엇을 해야 할까? 데켄은 죽음의 공포를 누그러뜨릴 필요가 있다고 했다. 죽음의 공포는 열심히 사는 것을 방해한다. 그래서 그는 다음과 같은 세 가지 방법을 제시했다.

첫 번째는 죽음을 배우는 것이다. 죽음을 두려워하지 않기 위해서는 죽음이 무엇인지 정확히 알아야 한다. 온갖

지혜를 활용하여 죽음을 다각적으로 다루는 것이다. 죽음은 꼭 물리적인 현상만은 아니다. 그것에는 철학이든 문학이든 관련되어 있음을 알아야 진정한 죽음의 성체를 알아낼 수 있다.

실제로 데켄은 다양한 각도에서 죽음을 공부하고 고찰한 끝에 결국 **좋은 죽음**이 있다는 것을 발견했다. 그에 따르면, 인간의 죽음에는 좋은 것과 그렇지 않은 것이 있다. 좋지 않은 죽음이란 죽음을 지나치게 두려워해서 자기 죽음을 받아들이지 못하고 우울해진 채 죽는 것이다. 그것을 가리켜 '자기중심적인 죽음'이라고 표현했다. 이에 비해 좋은 죽음이란 다음과 같다.

죽음을 제대로 받아들인 후 도움을 받은 사람들에게 감사의 마음을 표현하고 이별을 고한다. 그렇게 마지막까지 주위 사람을 생각하며 사랑하는 마음을 전한 뒤 떠나는 것은 좋은 죽음이라고 할 수 있을 것이다.

– 《좋은 죽음을 맞으려면》

분명 이와 같은 마지막이라면 온화하게 죽음을 맞을 수 있을 것이다. 무엇보다 죽음이란 바로 이와 같은 순간을 가리키는 것임을 깨닫는다면 죽음을 향한 공포도 덜어낼 수 있으리라고 생각한다.

죽음은 자신뿐 아니라 주변 사람들에게도 고통이므로 그들을 조금이라도 생각한다면 지나치게 두려워하다가 우울해지는 것은 바람직하지 않다. 죽음을 앞두고 주위를 배려하는 마음을 갖는 것은 서로 도우면서 사는 존재인 인간에게 무척 중요한 일일 것이다.

그 배려 중 하나의 형태가 유언이다. 데켄은 유언을 '사랑하는 사람에 대한 배려이며 마지막 선물'이라고 표현했다. 그런 의미에서 슈카쓰 역시 일종의 배려이기도 하다.

죽음 이후에도
삶이 지속될 수 있다면

죽음의 공포를 누그러뜨릴 두 번째 방법은 죽음은 모든 일의 끝이 아니라는 희망을 품는 것이다. 죽음을 받아들인다고 해도 죽는다는 건 여전히 슬픈 일이다. 남기고 가는 일도 있을 것이고 가까운 사람들도 걱정될 것이다.

그러므로 죽은 뒤에도 어떠한 형태로든 삶이 계속된다는 믿음은 마지막까지 씩씩하게 살아갈 희망이 되어 준다. 그러나 사후 세계를 믿지 않는 사람에게 이것은 어려운 이야기이다. 적어도 현재의 과학으로는 사후 세계가 증명되지 않았다. 그러나 그것을 충분히 알면서도 네킨은 이렇게 단언했다.

> 여러 개연성이 겹쳐 일어나는 사후 세계, 사후에 이어지는 삶, 그것을 믿고 희망을 품으며 인생에 대처하는 것은 그야말로 아름답고 고귀한 모험이지 않을까 생각한다.
>
> ―《좋은 죽음을 맞으려면》

얼마나 아름다운 표현인가. 그의 말대로 사후에 삶이 계속될 가능성이 전혀 없는 것은 아니다. 세상에는 마지막까지 무언가가 일어날 가능성이 남겨져 있기 때문이다. 그리고 그렇게 여기고 사는 것은 아름답고 고귀한 모험이라는 이야기이다.

사실 이것은 고대 그리스의 철학자인 소크라테스가 영혼의 불멸을 이야기할 때 사용한 표현이다. 데켄은 이를 인용하며 죽고 난 후 자신이 살 가능성에 기대를 걸어본 것이다.

철학이 흥미로운 점은 상식이나 과학이 무엇이라 말하든 항상 그것과는 다른 주장을 할 수 있다는 점이다. 그래서 철학적으로 생각하면 죽음도 무섭지 않게 된다. 모든 일은 마음가짐에 따라 달라지기 때문이다.

세 번째 방법도 그런 마음가짐과 관련이 있다. 데켄은 언제라도 유머와 웃음을 잊지 말 것을 제안했다. 먼저 여기서 말하는 유머란 그저 우스꽝스러운 것을 의미하지는 않는다.

그는 독일어로 유머란 '그럼에도 불구하고 웃는 것'이라며 주변 사람들을 향한 다정함과 배려로서의 유머를 강조했다. 죽음이 '가까워졌음에도 불구하고' 마지막까지 밝게 지낼 수 있다면 분명 자신도 주변 사람들도 우울해지지 않을 것이다.

그런 주변 사람들의 밝은 모습을 보면 자신도 편안한 마음으로 죽을 수 있다. 이 또한 슈카쓰의 한 측면이라고 볼 수 있다. 주변 사람들이 슬픔에 매몰되지 않고 자신이 사라진 일상을 굳세게 살 수 있게 하는 것이다.

데켄은 **죽음이 찾아오는 시기를 조절할 수는 없지만 죽기까지의 시간을 어떻게 살지는 조절할 수 있다**고도 말했다. 슈카쓰란 그 죽기까지의 시간을 조절하는 것으로 볼 수 있다. 자신이 죽기 위한 준비를 한다니, 부정한 소리로 들릴 수도 있고 생각하는 것조차 꺼려질 수 있다. 그러나 나이나 건강 상태에 상관없이 사람은 항상 죽음을 곁에 두고 있다.

그러므로 오히려 건강한 때에 죽음을 맞을 준비를 해 두어야 한다. 데켄의 말을 빌리자면 '죽음에 도달할 준비'를 하는 것이다. 후회 없이 만족스러운 골을 넣을 수 있도록 말이다.

사람은 왜 스스로
죽음을 택하는가

뒤르켐의 자살론

자살이란
무엇인가

일본인의 자살률은 선진국 중에서도 높은 편이다. 노인도 예외는 아니며 노인만 대상으로 한 자살률을 봐도 마찬가지이다.* 경제적으로 풍요로운 다른 나라에서도 많은 사람이 스스로 목숨을 끊는다. 이 사회문제와 어떻게 마주해

* 한국은 인구 10만 명당 만 65세 이상의 노인 자살률이 42.2명으로 OECD 회원국 중 1위이다.

야 좋을까? 그리고 자살을 피하기 위해서는 어떻게 해야
할까? 프랑스의 사회학자 에밀 뒤르켐1858~1917의 명저《자
살론》을 바탕으로 생각해 보자.

모든 죽음이 그렇지만, 자살이라는 이름의 죽음 역시
언제 우리에게 닥칠지 모르는 일이다. 자살은 그 이름대로
자기가 자기를 죽이는 일이므로, 하겠다고만 생각하면 자
기 마음대로 언제든 실행할 수 있는 일이다. 어디까지나 이
론상의 이야기이지만 말이다.

물론 그렇다고 해서 자살이 개인적인 문제는 아니다.
자살이 사회문제라는 점은 이제 상식이 되었다. 자살을
처음 사회학적으로 풀어내고자 한 시도가 뒤르켐의《자
살론》이다. 이 책에서 뒤르켐은 자살을 다음과 같이 정의
했다.

> 자살자 자신이 그 결과가 나올 것을 미리 알고 행하는 적
> 극적 또는 소극적 행위의 직접적 또는 간접적 결과로 발생
> 한 죽음을 모두 자살이라고 명명한다.
>
> ‒《자살론》

즉 그 행위로 인해 자신이 죽게 될 것을 알면서도 일부러 그 행위를 하는 것을 자살이라고 부른다. 이는 우리가 알고 있는 거의 모든 자살행위를 포함한 정의라고 할 수 있다. 예를 들어 병에 걸린 사람이 적극적으로 치료를 받지 않는 행위도 어떤 의미에서는 자살이다. 이런 경우 그 사람의 속마음까지는 알 수 없고 사인도 명확하게 특정할 수 없으므로 정말 그것이 자살인지 아닌지는 판단할 수 없다. 그러나 살고자 하는 행위에 비교한다면 명백히 반대되는 행위라고 할 수 있다.

죽음을
권하는 사회

인간은 기본적으로 살고자 하는 존재이다. 그런 뜻에서 스스로 일부러 죽음을 선택한다는 것은 비정상적인 상태이다. 왜 그런 비정상적인 일이 일어날까? 사실 뒤르켐의 말에 따르면 자살은 결코 비정상적인 현상이 아니다. **오히려**

자살은 일상의 연장선 위에 있다고 한다.

생각해 보면 무척 충만한 삶을 보내던 사람이 어느 날 갑자기 전조 증상도 없이 자살하는 경우는 흔치 않다. 만약 그런 일이 일어났다면 주변 사람에게는 언뜻 충만하게 사는 듯 보였더라도 본인은 쭉 괴로워하고 있었을 것이다. 표면상으로는 밝게 행동해도 마음속 어둠까지는 타인이 볼 수 없기 때문이다.

실제로 자살하는 사람 대부분은 서서히 마음이 병들어 고통스러운 일상을 보내다가 그 연장선상에서 결국 목숨을 끊는다. 따라서 뒤르켐은 자살에 특정한 계기는 없다고 말했다. 그렇다면 사회적 동물인 인간은 어느 시점에는 타인의 이변을 알아채고 그 비극을 멈출 수 있을 터인데, 그것이 불가능한 것은 바로 사회가 비정상적으로 변해버렸기 때문이다. 타인의 고통이, 친구의 고통이 더 이상 보이지 않게 된 것이다. 그 이유는 때로는 얕은 깊이의 교제 때문일 수도 있고 우리 사회 자체가 가해자가 되었기 때문이기도 하다.

인간은 사회적 동물이기 때문에 처음에 썼듯이 그 사

회 자체가 원인으로 작용하여 자살로 내몰리는 것이라 말해도 과언이 아니다. 뒤르켐은 데이터를 면밀하게 분석한 결과 다음과 같은 결론을 내렸다.

> 자살 경향은 사회적 원인에 기인한 것으로밖에 볼 수 없으며, 그 자체가 하나의 집단적 현상을 이루고 있다.
>
> ─《자살론》

뒤르켐은 집단적 현상으로서의 자살을 그 사회적 원인에 따라 세 가지로 유형화했다. 그 첫 번째는 이기적 자살이다. 사회적 유대가 약해져 개인주의가 횡행하면 사람은 고독감을 이기지 못하고 자살한다. 나이에 상관없이 학교나 직장 내 괴롭힘으로 고립되거나 사회 속에서 소외당하면 살기 싫어진다. 고민이 있어도 털어놓을 사람조차 없기 때문이다.

두 번째는 이타적 자살이다. 이것은 반대로 집단이 너무 강력하게 개인을 종속할 때 그 사회적 압력 때문에 자살하는 사람이 생기는 현상이다. 문제의 책임을 지고 자살하는 사람의 유형이 이에 해당한다. 불상사를 일으킨 기업의 대표 등은 자신이 직접적인 잘못을 하지 않았더라도 사회로부터 받는 비난을 감당하지 못해 자살에 이른다.

세 번째는 아노미적 자살이다. 아노미란 사회가 혼란해져 통제되지 않는 상태를 뜻한다. 그 속에서 지나치게 많은 욕망을 가진 사람이 현실과의 격차에 좌절하고 괴로워하다 자살하는 것을 말한다. 예를 들어 금융위기 등으로 경제가 혼란에 빠진 경우, 그동안 자신이 해온 일이 전부 허무하게 느껴져서 자살하는 예를 들 수 있다.

느슨해진 유대가
우리의 죽음을 앞당긴다

일본의 노인 자살과 관련된 이야기를 하자면 이 중 첫 번째인 이기적 자살이 중요하다고 볼 수 있다. 고독사로 상징되는 노인의 고독이 사회문제가 되고 있기 때문이다.

사람에게는 정해진 수명이 있으므로 나이가 들수록 알

고 지내는 사람들의 수가 줄어든다. 또 건강도 쇠약해지므로 밖으로 나갈 기회 역시 줄어든다. 그렇게 점점 고독해진다. 그러나 이 또한 본인 탓이 아니라 어디까지나 사회 제도적 문제이다.

사회에 의해 고독으로 내몰린 노인은 살아갈 기쁨을 잃고 자살이라는 선택을 하게 된다. 물론 노인 자살에는 건강 문제를 비롯한 여러 이유가 있겠으나, 주변에 의지할 사람이 있어 혼자 괴로움을 껴안지 않아도 된다면 그와 같은 죽음을 피할 가능성은 더욱 커지지 않을까? 이는 뒤르켐 역시 지적한 부분이다.

이기주의는 자살의 부차적 원인이 아니라 발생 원인이다. 이 경우 사람들을 삶에 연결하는 고리가 약해진 것은 개인과 사회를 연결하는 유대 자체가 느슨해진 탓이다.

- 《자살론》

이것은 그가 노인에 관하여 한 말은 아니지만, 이기주의, 즉 사회와의 느슨해진 유대로 일어난 자살의 경우 그것은 부차적 원인이 아니라 주된 원인이라는 이야기이다.

사실 뒤르켐은 노인이 자기충족적인 존재이며 사회에 많은 것을 바라지 않으므로 최고령자들은 낮은 자살률을 보인다고 말했다. 그러나 이는 인생이 정말 얼마 남지 않았음을 실감한 사람들의 이야기로, 현대 고령사회와 같이 오랜 기간을 노년기로 보내는 지금의 상황과는 배경부터 다르다. 그렇게 생각하면 아무래도 이런 경우에는 오랜 기간 노년기로 보내는 동안 개인이 사회와의 끈을 어떻게 유지하면서 살아가느냐가 중요해진다고 볼 수 있다.

뒤르켐은 가족의 중요성도 들었지만, 현대 사회에는 이른바 독거노인처럼 가족이 주변에 없는 경우가 많다. 물론 가까이 살면서 의지할 수 있는 가족이 있다면 그보다 좋은 일은 없을 것이다.

그렇지 않은 경우라면 타인과의 교류를 위한 모임에 적극적으로 얼굴을 비추는 것이 좋다. 누군가에게 마음을 털어놓는 것만으로도 속이 시원해질 수 있고, 자극이 될만한 또 다른 새로운 만남도 생길 것이다.

이는 나이에 상관없이 적용할 수 있는 이야기이다. 인간은 모두 누군가와 만나서 이야기하고 자극을 받는 과정을 통해 내일을 상상하는 생명체이다. 이 사이클 속에 있는 한 내일에 대한 생각을 그만두는 일은 없을 것이다.

죽음의 불안에서
벗어나는 법

하이데거의 불안론

'마음의 시간'에는
과거도 미래도 없다

혹시 사고를 당하지는 않을까? 병에 걸리지는 않을까? 인간이라면 모두 그런 불안을 안고 산다. 나이가 들수록 불안은 날로 커지는데, 이런 불안을 극복하기 위해서는 어떻게 하는 것이 좋을까?

독일의 철학자 마르틴 하이데거1889~1976는 일부러 먼저 죽음을 각오함으로써 불안을 극복할 수 있다고 이야기했다. 미완의 명저 《존재와 시간》을 살펴보며 불안을 극복하고 살아갈 방법이 무엇인지 생각해 보자.

인생에는 원인불명의, 피하지도 못할 불안이 따라붙는다. 어떤 의미에서 불안이란 인생이라는 시간을 살아가는 불완전한 인간 존재가 아무리 거부해도 안게 되는 숙명인지도 모른다. 그런 인간의 숙명에 관해 이야기한 책이 하이데거의 《존재와 시간》이다. 그는 책 속에서 '존재'의 의미에 관해 철저하게 고찰했다. 물론 거기에는 인간 존재의 의미도 포함되어 있다. 어쩌면 그것이 곧 주제였다고 해도 과언은 아닐 것이다.

하이데거가 일부러 그런 근원적인 주제를 다룬 데에는 이유가 있다. 그는 기존의 가치관이 파괴된 제1차 세계대전 이후 시대에 다시 한번 인간과 세계의 존재 의미에 질문을 던지고자 했다. 그렇게 새롭게 정의한 인간 존재의 본질이 바로 **현존재**라는 개념이다.

우리 자신이 각자 그것인 동시에 물음이라는 자기 존재의
가능성을 지닌 존재자를, 우리는 술어적으로 현존재Dasein

라고 부르기로 한다.

- 《존재와 시간》

즉 항상 괜찮을지 의문을 품고 불안을 안은 채 살아가는 것이 인간이라는 이야기이다. 그렇게 자신의 가능성을 탐구하며 지금 여기를 살아가는 존재인 인간을 하이데거는 현존재라고 표현했다. 독일어로 'Da'는 '여기', 'sein'은 '존재'를 뜻하는 단어이다.

이같이 현존재란 자기 존재의 가능성을 묻는다는 특징이 있다. 그저 아무 생각 없이 살아가는 존재와는 다르다. 그러므로 인간은 고민한다. 아무 생각 없이 살기만 한다면 불안해할 일도 없을 것이기 때문이다.

그렇지 않은 우리는 좋은 일이든 나쁜 일이든 모두 이렇게 되거나 혹은 저렇게 될 가능성을 생각하면서 하루하루를 살아간다. 인간에게 있어 미래는 불확실하기에 가능성을 생각하면 자연히 불안도 생겨난다.

하지만 현존재는 이렇게 그저 가능성만을 생각하고 미래의 시간을 몽상할 뿐인 존재는 아니다. 어디까지나 그것은 '지금, 여기', 즉 현재를 사는 존재로서의 연장선 위에 있다. 여기에는 하이데거의 독자적인 시간관념이 영향을 미치고 있다. 그는 보통 우리가 사용하는 시계의 시간이 아니라 이른바 마음의 시간이라고 할 수 있는 **근원적 시간**이라는 개념을 창안했다.

시계의 시간의 경우 과거로부터 현재, 미래로 가는 선분 위로 시간이 지나간다. 따라서 살아간다는 것은 마치 시간이라고 하는 선분 위를 걸어가는 행위처럼 생각된다. 그러나 근원적 시간의 사고법으로 보면 지금 여기를 기점으로 이미 지나간 과거도, 앞으로 찾아올 미래도 자기 안에 있다고 생각한다. 즉 과거도 미래도 지금의 자신에게 관련되어 있으므로 지금 여기에 있다고 생각하는 것이다.

분명 과거의 일은 지금 자기 머릿속에 있을 뿐이고, 미래 또한 앞으로 자신에게 닥칠 일이므로 머릿속에 있을 뿐이라고 말할 수 있다. 그래서 시간이란 현재의 순간을 살아가는 자기 안에만 존재하는 것이 된다.

우리는 왜 불안을
느끼는가

이렇듯 인간은 현재의 순간을 살아가는 존재이므로 앞으로의 일을 생각한다. 그 과정을 통해 멈추지 않고 앞으로 나아가려는 것이다. 그러려면 우리에게 무엇이 필요할까? 그것은 바로 살아갈 기력이다. 살아갈 기력으로 무엇인가를 하는 것이다. 일이나 식사, 호흡 같은 것들 말이다. 기력이 없으면 아무것도 하지 않게 된다. 그렇게 되면 생명 활동은 끝나 버리고 만다.

그렇다면 기력을 내기 위해서는 무엇이 필요할까? 하이데거의 말에 따르면 그것은 기분이라고 한다. 우리는 다양한 기분에 사로잡힌다. 기분이 좋을 때는 호기롭게 여러 일에 손을 대고, 반대로 기분이 나쁠 때는 방에 틀어박힌다. 그는 그런 기분의 가장 근저에 있는 것이 불안이라는 점을 발견했다. 왜냐하면 인간은 언젠가는 죽어야 하는 존재이므로, 그 가장 밑바닥에는 죽음을 향한 불안이 있기 때문이다.

그렇기에 그는 불안이라고 하는 기분은 다른 기분과 전

혀 다른 성질을 지니고 있다는 사실도 깨달았다. 하이데거
는 불안에 관해서 다음과 같이 묘사했다.

> 위협이 될 만한 것이 어디에도 없다는 사실이, 불안이 그
> 것에 대해 겁먹는 것의 특징이다. 불안은 자신이 무엇에 불
> 안을 느끼는지를 모르는 것이다.
>
> —《존재와 시간》

**불안이 다른 기분과 다른 점은 그것이 무엇으로부터
발생했는지를 모른다**는 것이다. 겁은 나지만 무엇에 대한
겁인지 그 대상이 명확하지 않다. 그래서 하이데거는 불안
은 공포와는 다르다고 말했다. 왜냐하면 공포란 구체적인
대상을 두려워하는 것이기 때문이다. 예를 들어 그것이 눈
에 보이지 않는 귀신 같은 것에 대한 공포이더라도, 대상이
무엇인지 알면 대책을 세울 수 있으므로 이를 제서하기가
쉽다. 그에 비해 불안이란 막연한 대상을 두려워하는 것이
다. 그러므로 무엇을 해야 불안이 해소될 수 있는지 알 수
없다.

죽음을 미리 각오함으로써
본래의 삶을 되찾아라

궁극적으로는 인간이 두려워하는 대상인 근본적 원인을 제거할 수밖에 없다. 그것은 곧 죽음이다. 인간이 가장 알 수 없는 것, 가장 두려워하는 것은 죽음이기 때문이다.

하이데거도 말했지만 죽음에는 교환 불가능성이라는 절대적 성질이 있다. 말 그대로 누구와도 교환할 수 없다는 뜻이다. 즉 죽음은 자신에게만 의미가 있으며 누군가의 죽음은 자신에게 있어서는 죽음이 아니다. 그러므로 자신이 죽기 전까지는 그것을 체험할 수 없다. 죽음의 본질은커녕 그것이 대체 어떤 느낌인지조차 생전에는 그 누구도 알 수가 없다.

게다가 죽음은 뛰어넘을 수 없는 성질도 같이 가지고 있다. 누구도 뛰어넘을 수 없는 마지막 가능성이라는 뜻이다. 말하자면 인간의 끝이다. 죽기 전까지 알 수 없는데 그 죽음 자체가 모든 것의 끝이라니, 이보다 두려운 일이 있을 수 있을까?

그런 의미에서 **불안이란 죽음으로부터 생기는 기분**이다. 이는 나이 든 사람에게는 더 절실한 문제이다. 중요한 것은 그것을 극복할 방법인데, 여기서 하이데거는 **선구적 각오성**이라는 개념을 내놓았다.

> 선구는 이 가능성을 가능성으로서 내준다. 이렇게 각오성은 선구적 각오성이 되고서야 비로소 현존재의 가장 고유한 존재 가능으로 향하는 근원적 존재가 되는 것이다.
>
> ─《존재와 시간》

이것은 죽음을 선구적으로 각오함으로써 인간이 현존재, 즉 근원적 존재가 된다는 이야기이다. 쉽게 말하면 죽음을 앞서서 각오함으로써 인간은 본래의 삶을 살 수 있게 된다. 평소 우리는 죽음에 기인한 불안을 잊기 위해 일상에 매몰되어 살아간다. 하이데거는 이것을 비본래석인 삶의 방식이라고 불렀다. 우리는 언젠가 인생이 끝난다는 사실을 알고 있으면서도 일부러 그 사실을 모른 척하며 살아간다. 그러나 결국 불안으로부터 도망칠 수는 없다. 죽음이 불현듯 뇌리를 스치기 때문이다.

그렇다면 아예 죽음을 각오하고서 열심히 사는 편이 좋지 않겠느냐는 이야기이다. 그러면 불안을 불식시킬 수 있다. 앞서 가능성을 물을 수 있는 것이 현존재라고 이야기했는데, 그 궁극의 가능성이 바로 죽음이다.

죽음의 가능성을 각오하면 더 이상 두려워할 것이 없다. 시한부 선고를 받은 뒤 그 사실을 받아들이고 인생의 종반부를 열심히 살아가는 사람들에게는 확실히 망설임이나 불안 따위가 느껴지지 않는다.

물론 이는 쉬운 일이 아니다. 그러나 죽음을 회피하고 불안해하며 괴로워할 것인가 아니면 죽음을 각오하고 굳세게 열심히 살아갈 것인가. 어느 쪽이 나은지는 명확하다. 하이데거는 불안을 극복하고 살아갈 방법에 대해 인간 존재의 근원까지 거슬러 올라가 설명해 주었다. 한정된 시간 안에서 만족할 만한 인생을 보내기를 원한다면 더더욱 죽음과 마주할 필요가 있다.

"

인생에는 원인불명의,

피하지도 못할 불안이 따라붙는다.

어떤 의미에서 불안이란

인생이라는 시간을 살아가는 불완전한 인간 존재가

아무리 거부해도 안게 되는 숙명인지도 모른다.

"

죽음은 언제나 예견하지 못한
순간에 찾아온다

모랭의 시적인 삶

인생이란 불확실성의 바다를

항해하는 것

우리가 죽음을 두려워하는 가장 큰 이유 중 하나는 예측 불가능성에 있다. 죽음은 반드시 찾아오지만 그것이 언제가 될지는 아무도 모른다. 어느 순간에 갑자기 의식이 사라지고 존재가 소실된다고 생각하면 이보다 불안한 일은 없을 것이다.

이 책의 마지막을 장식할 주인공으로 프랑스의 철학자

에드가 모랭1921~을 소개하고자 한다. 백 세를 넘긴 그는 저서에서 죽음을 포함한 인생의 가능성을 받아들이는 '시적인 삶'을 권장했다. 현대의 철학자 모랭은 백 세를 맞은 2021년에《한 세기 동안의 인생 교훈-Leçons d'un siècle de vie》이라는 저서를 출간했다. 그는 말 그대로 격동의 한 세기를 살아온 철학자이다.

그 교훈을 한 문장으로 정리하면, 인생은 그야말로 예측 불가능하다는 것이다. 물론 모랭은 책에서 많은 교훈을 전달했지만 결국은 이 문장으로 귀결된다고 볼 수 있다. 이는 그의 인생을 돌아보아도 명확히 알 수 있다. 그가 산 격동의 20세기에는 세계 곳곳에서 혁명이나 갑작스러운 군사 침공이 발생했다. 유대인 가정에서 태어난 모랭은 제2차 세계대전 시기에는 나치에게 쫓겼고, 오늘날에 이르러서는 우리와 같이 팬데믹 상황을 겪었으며 러시아의 우크라이나 침공 사태에 괴로워했다. 모랭은 다음과 같은 결론을 내렸다.

모든 인간사에서 우연적 요소를 배제하기란 불가능하며

우리의 운명은 불확실하기에 뜻밖의 일을 상정할 필요가
있다. 이것이 내가 살아온 경험으로부터 배운 중요한 교훈
이다.

－《한 세기 동안의 인생 교훈》

　즉 인간이 살아가는 데 우연적 요소를 제거하기란 불
가능하므로 애초에 뜻밖의 일이 일어날 것이라고 여기며
살자는 것이다. 모든 인생은 불확실성의 바다를 항해하는
것이라는, 보다 시적인 표현을 쓰기도 했다.

　또한 모랭은 인생은 주사위를 던지는 것과는 다르게 무
슨 일이 벌어질지 아무도 알 수 없다고 말했다. 아마 많은
이들이 이 비유에 공감할 것이다. 여섯 개 중에서 하나의
숫자가 나올 것을 아는 주사위에 비해 인생은 어떤 일이
일어날지 짐작조차 하기 어렵다. 그런 의미에서 인생은 우
연성으로 가득 차 있다.

인간은 합리적이면서
비합리적이다

모랭은 그런 우연성이 생길 수밖에 없는 배경에 세상의 복합성과 개개인의 복합성, 이 두 가지가 영향을 미치고 있다고 생각했다. 세상의 복합성이란 다양한 일들이 밀접하게 얽혀 있는 것을 말한다. 경제 예측은 빈번하게 행해지지만, 이는 경제학을 공부하기만 해서 할 수 있는 일이 아니다. 경제에는 정치뿐 아니라 지구 환경의 변화 등도 연관되어 있다. 어쩌면 이 지구상의 모든 현상이 연관되어 있다고 해도 과언이 아니다.

그래서 모랭은 복합적인 세상을 고찰하기 위한 사고법을 창안했다. 그것은 복합적 사고라고 불리는 것으로, 새로운 학문의 방법론이자 체계였다. 이에 더해 모랭은 개개인의 복합성에 관해서도 강조했다. 일반적으로 인간은 합리적으로 사고하고 올바로 행동한다고 여겨지지만, 모랭은 그렇게 단순하게 생각하지는 않았다.

말하자면 호모 사피엔스, 호모 파베르, 호모 이코노미쿠스 속에 있는 합리성의 기반은 모든 인간사(개인, 사회, 역사) 중 한쪽의 극단일 뿐이다. 그만큼 중요한 다른 측면의 요소로는 열정, 신앙, 신화, 환영, 착란, 유희가 있다.

− 《한 세기 동안의 인생 교훈》

사피엔스, 파베르, 이코노미쿠스는 각각 지혜, 창조성, 경제성 등 인간의 합리적인 측면을 나타낸 단어인데, 이는 어디까지나 한 측면에 지나지 않으며 다른 쪽에는 **열정이나 착란 같은 비합리적 측면이 있다**는 것이다.

이렇게 생각하면 인간의 행동은 예측 불가능한 것이 된다. 합리적으로 판단하면 이렇게 행동할 것이라고 하는 예측을 배반할 가능성이 있기 때문이다. 실제로도 그의 말이 맞았다. 우리는 인간이 모두 합리적으로 살 것이라는 전제하에 사회 제도를 설계했지만, 실제는 예상과 다르게 흘러갔다. 그렇기에 전쟁이나 믿기 힘든 범죄가 일어난다. 이는 극단적인 예라고 볼 수 있지만, 누구나 자기 인생에서도 마찬가지로 '왜 그렇게 어리석은 일을 저질렀을까' 하고 후회

하는, 이해하기 힘든 일들이 적지 않을 것이다.

세상의 모든 일이나 인간은 복합적이어서 우연성이 생길 수밖에 없는 시스템으로 이루어져 있다. 이렇듯 인간의 삶이라는 현상은 예측 불가능성에 지배되는 결과라고 볼 수 있다. 이것은 모랭이 백 년이라는 인생을 살고 생각한 끝에 결론 내린 사실이다.

죽음마저 우리의
인생임을 기억하라

따라서 모두의 인생에 따라붙는 죽음이란 현상 역시 갑자기 찾아온다. 예측 불가능은 운명으로 정해져 있으므로 다가오는 죽음을 두려워해도 어쩔 수 없다. 죽음은 다짜고짜 우리를 삼켜 버리며, 그 타이밍을 고를 선택권조차 주지 않는다. 그것이 죽음의 본질이기도 하다.

죽음만이 이 세상에서 가장 두려운 일인 듯한 특별성, 그리고 죽음만은 절대로 피할 수 없다는 절대성은 그 본질에서 나온 것이다. 과연 우리는 이 죽음의 특별성과 절대성으로부터 도망칠 수 있을까?

모랭은 죽음의 특별성과 절대성을 인정하면서도, 우리가 아무것도 할 수 없지는 않다고 생각했다. **설령 인생이 예측 불가능하고 그에 따라 죽음 역시 예측 불가능하다 해도, 인생의 의미는 발견할 수 있다.** 이를 상징하는 모랭의 말은 다음과 같다.

> 타나토스가 최후의 승자인 것처럼 여겨지지만 나로서는 무슨 일이 일어나든 에로스를 선택하는 것만으로 인생에 의미가 있다는 것을 분명하게 느낀다.
>
> ─《한 세기 동안의 인생 교훈》

'타나토스'란 죽음을 말한다. 죽음이 최종적으로 모든 것을 결정하는 듯 보여도 모랭에게는 '에로스' 즉 사랑이 더 뛰어나다는 것이다. 사랑을 중시함으로써 인생에는 죽음을 넘어선 의미가 발견된다는 뜻이다. 타나토스보다 에로스를 선택한다니, 그야말로 철학자다운 함축적 표현이다.

구체적으로 그것은 어떻게 살아가는 것을 말할까? 여기서 모랭은 **시적인 삶**을 권장했다. 이것은 산문적 삶과는 대조적으로 풀이되는 삶의 태도이다. 산문적 삶이란 양적인 것만 원하며 합리적으로 살아가는 삶이다. 산문, 즉 논리적 문장이 그렇듯 '이론상 이렇게 될 것'이라거나 '이러는 편이 효율적'이라고 생각하며 사는 것을 말한다. 그것은 예측하여 사는 삶의 다른 표현이다.

그러나 예측 불가능한 세상에서 예측하며 살아가는 것이 가능할 리가 없다. 어쩌면 어느 정도는 가능할 수도 있을 테고 인생의 위험성을 낮추기 위해서는 중요할 수도 있다. 하지만 그런 삶의 방식은 궁극적으로는 죽음을 예측하고 계속해서 두려워하며 사는 방식으로 이어지기 쉽다. 예측 불가능한 죽음의 위험성을 낮추기 위해 모든 수단을 쓰게 될 것이다. 그것은 끝이 나지 않는 행위이다. 어쨌든 죽음은 예측 불가능하기 때문이다. 죽음을 의식하기 시작하면 모든 일에 죽음의 그림자가 드리운다. 교통사고를 당하지는 않을까, 대지진이 일어나지는 않을까 하며 전전긍긍하게 된다. 그러다 보면 하루하루 두려워하며 살 수밖에 없다. 이는 모랭의 말을 빌리면, 타나토스가 승리하는 인생이라고 말할 수 있다. 많은 사람이 그렇게 타나토스에게 승리를 갖나 바치는 듯하다.

그것을 피하기 위해서는 시적인 삶을 살 필요가 있다. 시적인 삶이란 인생의 가능성을 즐기는 삶의 방식을 말한다. 좋은 일 나쁜 일 모두 포함해서 무슨 일이 일어날지 모르는 것이 인생이라면, 그것을 부정하거나 거부하지 말고 오히려 받아들이지는 것이다. 운명을 즐긴다고 하는 표현이 맞을지 모르겠지만, 그야말로 에로스를 중시하는 삶의 방식이라고 할 수 있다. 그 운명 속에는 당연히 죽음도 포함되어 있다. 그러나 그것은 이제 두려워할 대상이 아니라 받아들일 대상에 지나지 않는다. 더 나아가면 즐길 대상이라고 말할 수도 있다.

인생에는 삶과 죽음이 반드시 따라붙는다. **삶만이 인생이 아니라 언젠가 맞이할 죽음까지가 인생이다.** 그 시기는 반드시 찾아오며 그때가 왔을 때는 즐겨야 한다. 죽음을 즐기라는 것이 아니라 인생 그 자체를 즐기라는 뜻이다. 그동안 잘 살아왔다고, 수고했노라고 스스로 칭찬해 주어야 한다. 그런 마음으로 일상을 보내는 삶이 불안에 휩싸여 살아가는 삶보다 훨씬 낫다. 적어도 나는 그런 마음으로 하루하루를 살아가려 한다.

> 여섯 개 중에서 하나의 숫자가
> 나올 것을 아는 주사위에 비해
> 인생은 어떤 일이 일어날지 짐작조차 하기 어렵다.
> 그런 의미에서 인생은
> 우연성으로 가득 차 있다.

마치며

인생의 오후부터
진짜 삶은 시작된다

지금까지 여러 철학자의 생각을 접하고 나이 듦과 죽음에 관해서도 무척 다양한 사고방식이 있음을 알아보았다. 나이 듦은 물론 죽음조차 긍정적으로 받아들이는 일이 가능하다. 그런데 그 긍정의 정도는 사람마다 다르다. 장켈레비치는 죽음을 얼버무리자고 했지만, 하이데거는 마주하자고 말한 것처럼 말이다. 그렇다고 해서 장켈레비치가 죽음을 무시하거나 회피하자고 말한 것은 아니다.

철학자는 저마다 생각은 달라도 기본적으로 '더 좋은 삶을 살기' 위해 세상을 보는 방식을 바꾸고자 노력한다.

이는 철학자들의 공통점이기도 하다. 사실 이처럼 좋은 삶을 살기 위해서라는 목적은 철학 그 자체의 목적이라고 말할 수 있다. '철학의 아버지'라고도 불리는 고대 그리스의 철학자 소크라테스 역시 그렇게 이야기했기 때문이다.

우리는 자기 인생을 조금이라도 좋은 것으로 만들기 위해 끊임없이 생각해야 한다. 나이 드는 것도 병에 걸리는 것도 자연스러운 현상이므로 거스를 방법은 없다. 안티 에이징 제품을 사용해 노화에 저항해 보거나 병을 치료할 수는 있겠지만 이 역시 완벽하게 조절할 수는 없다. 이때 우리가 할 수 있는 것은 오로지 마음을 전환하는 일뿐이다. 그것을 가능하게 해주는 것이 철학이다. 현실을 바꾸지는 못해도 마음은 바꿀 수 있다는 믿음이 바로 인간의 마지막 희망이다.

사람마다 차이는 있겠지만 나이가 들면 누구나 자연스럽게 노화를 의식하게 된다. 그러나 그것은 결코 부정적인 일의 시작이 아니다. 자기 마음에 따라 인생은 얼마든지 즐거워질 수 있기 때문이다. 그 사실은 앞서 이 책에서 소개한 수많은 철학자들의 이야기가 증명해 주었다.

나는 지금 이 책을 막 마감한 터라 더욱 이렇게 확신한다. 철학이 필요한 인생의 오후부터 진짜 삶은 시작된다고 말이다. 이 책을 다 읽은 분들도 나와 같이 조금이라도 긍정적인 마음을 가질 수 있기를 진심으로 기도한다.

마지막으로, 이 책을 세상에 내보내기까지 많은 분의 도움을 받았다. 특히 기획 단계부터 교정에 이르기까지 많은 도움을 주신 사이즈샤彩図社의 구로시마 겐토 씨에게는 이 자리를 빌려 감사 인사를 드리고 싶다. 또 이 책을 선택해 주신 모든 독자 여러분께도 감사의 말씀을 전한다.

2024년 2월 어느 좋은 날,

오가와 히토시

참고문헌

키케로,《노老카토 노년론》, 아카넷, 2023

시몬 드 보부아르,《노년》, 책세상, 2002

미셸 드 몽테뉴,《에세 1》, 민음사, 2022

미셸 드 몽테뉴,《에세 3》, 민음사, 2022

칼 구스타프 융,《C. G. 융 무의식 분석》, 선영사, 2005

와시다 기요카즈,《늙음의 공백老いの空白》, 이와나미겐다이

　　분코, 2015

알랭,《행복론》, 기파랑, 2013

에피쿠로스,《에피쿠로스 쾌락》, 현대지성, 2022

메를로 퐁티,《지각의 현상학》, 문학과지성사, 2002

노자,《도덕경》, 현대지성, 2019

프리드리히 니체,《인간적인 너무나 인간적인 2》, 책세상, 2002

프리드리히 니체,《즐거운 학문 메시나에서의 전원시》, 책세상, 2005

와쓰지 데쓰로,《윤리학 2倫理学 2》, 이와나미분코, 2007

오가와 히토시,《에릭 호퍼, 나를 사랑하는 100가지 말들ェリック・ホッファー自分を愛する100の言葉》, PHP겐큐쇼, 2018

에마뉘엘 레비나스,《전체성과 무한》, 그린비, 2018

아르투어 쇼펜하우어,《쇼펜하우어의 행복론과 인생론》, 을유문화사, 2023

에리히 프롬,《사랑의 기술》, 문예출판사, 2019

버트런드 러셀,《행복의 정복》, 사회평론, 2005

게오르그 짐멜,《돈이란 무엇인가》, 길, 2014

카를 힐티,《잠 못 이루는 밤을 위하여》, 범우사, 2016

미키 기요시,《인생론 노트》, 지식공간, 2022

아리스토텔레스,《니코마코스 윤리학》, 현대지성, 2022

블라디미르 장켈레비치,《죽음에 대하여》, 돌베개, 2016

알폰스 데켄,《좋은 죽음을 맞으려면より良き死のために》, 다이

    아몬드샤, 2018

에밀 뒤르켐,《에밀 뒤르켐의 자살론》, 청아출판사, 2019

마르틴 하이데거,《존재와 시간》, 동서문화사, 2016

에드가 모랭,《한 세기 동안의 인생 교훈百歳の哲学者が語る人

    生のこと》, 가와데쇼보신샤, 2022

키케로부터 노자까지, 25명의 철학자들이 들려주는
삶, 나이 듦, 죽음에 관한 이야기

인생의 오후에는 철학이 필요하다

초판 1쇄 발행 2025년 2월 3일
초판 2쇄 발행 2025년 3월 4일

지은이 오가와 히토시
옮긴이 조윤주
펴낸이 민혜영
펴낸곳 오아시스
주소 서울특별시 마포구 월드컵로14길 56, 3~5층
전화 02-303-5580 | **팩스** 02-2179-8768
홈페이지 www.cassiopeiabook.com | **전자우편** editor@cassiopeiabook.com
출판등록 2012년 12월 27일 제2014-000277호

ⓒ오가와 히토시, 2025
ISBN 979-11-6827-269-9 03100

- 오아시스는 (주)카시오페아 출판사의 인문교양 브랜드입니다.
- 잘못된 책은 구입하신 곳에서 바꿔 드립니다.
- 책값은 뒤표지에 있습니다.